私の助けは
どこから来るのであろうか
私の助けは
天地を造られた主から来る

HIYOSHI Miyoko
日吉 美代子

文芸社

序文

神は私をよくぞここまで（八十一年間）生かしてくださったことよ、と振り返っては感謝しています。

人生には折々、「助けてください」と叫ぶ時があります。

幸いにも私は若き日より、神に向かって神のみことば（聖書のことば）を握って、叫んでまいりました。多くは、命の危ない時でしたが、その都度、神は助けてくださいました。

このたび、本書の発行にあたり、文芸社の吉澤茂氏、川邊朋代氏両氏には、ひとかたならずお世話になりました。私方が友人、知人たちに書き送った、十年間眠っていた原稿を、処分寸前に拾い上げてくださり、掘り起こし、まとめ、丁寧に御指導くださり、完成させ、世にデビューすることが出来、心から神と人とに、感謝いたします。

本のカバー絵は、日吉佑市（三男）が描いてくれました。

「本を手に取られた方々が、朝明けに主を求め、祈る恵みに預《あず》かり、祝福されますように祈ります」と一筆添えられています。

山に向かって目を上げ、大空は朝明け色に染まる中、私の心は主に向かって祈るばかりです。

『朝明けに私の声を聞いて下さい』（旧約聖書）

二〇二四年秋　日吉美代子

❖もくじ

第三部　生ける神

本文イラスト　日吉　佑市

はじめに

私の願いは、「聖書を読まずして人生を終えてほしくない」ということです。

何故《なぜ》なら、地上での生涯ですべてが終わるわけではないからです。

「永遠」が待ち受けています。『人間には、一度死ぬことと死後にさばきを受けることが定まっている』と聖書は断言しています（新約聖書　ヘブル９：26）。

どのような裁《さば》きでしょうか？　どうぞこのことを、聖書を読んで知って下さい。

イエス・キリストは救いの御手《みて》を差し延べておられます。

それは、この地上で受け取り、後《あと》に続く永遠の救いです。

地上での残された生活を、天に向け神と共に歩み、神の御支配の中に、天にある栄光の富に預かろうではありませんか。

選び出された１００節余りの神のことばの魅力を知り、聖書を読むきっかけ、神を知るきっかけとなりますように。

第一部　エッセイ

ザビエルさん　こんにちは！

作家の司馬遼太郎の『街道をゆく』シリーズ「南蛮のみち」をテレビで観《み》たことがあります。とても印象深く心に残っています。

南蛮とは何か……。日本語解釈では、スペイン、ポルトガルのことであり、南蛮の語感には、切支丹（カトリック）という意味があり、やや遅れて「紅毛」というのはオランダのことであり、紅毛の語感にはプロテスタントの裏打ちがあります。南蛮文化は一五四三年、種子島《たねがしま》にポルトガル人が鉄砲を伝来し、六年後の一五四九年、宣教師フランシスコ・ザビエルが志と使命を持って日本に渡来して上陸しました。

司馬遼太郎は、フランス、スペイン、バスク語の各通訳者と写真家を伴い、「南蛮のみち」の旅へ出かけました。目的地はザビエルをはじめ、日本へ三、四十人もの宣教師を送ったバスク地方とザビエル城（ハビエル城）を目指しますが、事前の調査と、その膨大な歴史知識には驚くばかりです。

例えば、バスク出身で日本人として人生を送ったソーヴール・カンドウ神父の『カンドウ全集』を読了し、柔らかく透き通った魂に感動し、彼の故郷を訪ねています。ザビエル城では二日滞在し、彼の勉強部屋、礼拝堂、家族の居間を見学しつつも、家族一人一人についても詳細に調べ、また、当時のナバラ王国の歴史と、隣国に挟《はさ》まれたフランス・スペインの歴史も詳しく調べています。

ザビエルは何国の国民であるのか、バスク人であるが、スペイン人でもないと司馬遼太郎は語りますが、ザビエルは、私の想像では神の約束のみことばどおり、『我が国籍は天にあり』と、永遠の御国《みくに》に在籍しておられます。

後年、私の息子が神学生の頃、アウトリーチ（海外伝道）でスペインのザビエル城に立ち寄ったのですが、その時の記念写真があります。私も行ってみたい地でしたが、願うだけで二十五年が経ちました。

❖注目に価する神のセブンシリーズ

あなたは、こだわりの数字がありますか？

日本の生花《いけばな》には、それがありますね。奇数で全体を整えています。茶花《ちゃばな》では、椿の一輪差しを愛《め》でて、それなりに美しいものです。

神様にもお気に入りの数字があるのですが、ご存じですか？　聖書を読んでいくと気づいてきます。

旧約の天地創造は、七日間（七日目は安息日とせよ……）で始まり、一週間が決定づけられ、音階も七つあり、虹も七色あり、祭司の制度も「七」を土台としています。

数々の奇蹟も「七」が用いられています。


例えば、三四〇〇年前の出来事で、考古学調査で発掘された、中東のヨルダン川東のエリコの城壁は、難攻不落と言われた強固なものでしたが、神のみことばどおり、イスラエルの民が七度ラッパを吹き、七日目に崩れ落ちました。現在でも廃墟が残っています。

アッシリヤ帝国時代（二八〇〇年前）、預言者エリシャが、将軍ナアマンの重い皮膚病をヨルダン川で七度浸《ひた》すべしと告げ、そのとおりにしたところ、すっかり癒《い》やされたという記述は有名です。

聖書の内容も七群あります。旧約（1歴史書、2詩歌書、3預言書）、新約（4福音書、5使徒の働き、6書簡、7黙示録）から成っています。

聖書は七日間の創造をもって始まり、被造界（造られたこの世界）の最後の運命に関する預言書の「黙示録」は、セブンシリーズで終わります。そこには、神の二つの奥義が語られています。

キリストの教会に対する、神の完全な救いの御計画の七項目。そして、人間の不義に対する神の完全な裁きの御計画の七項目です。

この七（セブン）には、数字的な価値のほかに、何か別の意味があるようです。それは象徴的に完全、完全な数、十全、総計を表しています。

日常生活で、私もラッキーセブンに便乗し、就寝前の祈りでは一日を振り返り、七項目の感謝の祈りを捧《ささ》げます。

見習うべきはこれです。

『私は日に七度、あなたをほめたたえます』（旧約聖書　詩篇119：164）

❖心に喜びと祈りと感謝と

新年を迎えるとき、皆さんは心を新たにし、心を定め、心構えと、心掛けをもって、日々を歩む決心をなされることでしょう。
私自身は毎年のことながら、本年も神と共に歩み、神のみことばを読み、みことばを話し、そして書き、みことばを告白し、みことばに基づいて行動したいと決心します。中でも実践を心掛けるには、できることから始めています。

『いつも喜んでいなさい。
絶えず祈りなさい。
すべてのことについて感謝しなさい』（新約聖書Ⅰ　テサロニケ5章16－18）

○何を喜ぶのか

旧約聖書のダビデの詩篇の中に見習うべき内容が数多くあります。彼は「主を己の喜び」としました。主の教えを喜び、主の救いを喜びました。み心《こころ》を行うことを喜びとしました。

『主を喜ぶことは私の力です』（旧約聖書　ネヘミヤ8：10）と預言者のネヘミヤは語ります。私も「主を喜ぶことは生きる力」と告白しています。

力の秘訣は神のみことばをしっかり食べることだと思います。

●絶えず祈る

台所で皿洗いしながら、トイレで、風呂の中で、畑で、自転車に乗っているときも、信号待ちのときも、祈っています。賛美とともに口ずさんでいます。

●すべてのことについて感謝

髪の毛が数え切れないように、神の恵みも数え切れません。神の恵み一つ一つ、よくしてくださったことを思い出して、私はとこしえまで神へ感謝をお捧げいたします。

❖あなたの口で言うとおりになる

以前、「あなたの口で言うとおりになる」というタイトルで、日曜礼拝にてメッセージを語ったことがあります。イエス様は信じていない者でも、信じている者に対しても、次のように語っています。

『人は、その口にするあらゆるむだなことばについて、裁きの日には、言い開きをしなければなりません』（新約聖書　マタイによる福音書12：36節）

『あなたの口でイエスを主と告白し、あなたの心で神はイエスを死者の中からよみがえらせてくださったと信じるなら、あなたは救われるからです』（ロマ10：10）

即ち、私たちが口にする言葉は、神が聞いておられ、信仰的な言葉を告白するときには、神がそのとおりに働いてくださり、否定的な告白をはじめ、自分の弱さや失敗、苦痛、不平、不満、自分はできない……等、このような告白をすれば、自分の告白した言葉をサタンも聞いてそのとおりにチャンスと見て働きます。告白（言葉）が私たちを支配するのです。

ゆめゆめ「死んだ方がましだ」などと、決して口に出してはなりません。それを聞いたサタンは、その言葉を取り上げて、「それなら、いつかチャンスがあったらそのとおりにしてやろう」と狙います。

もし、「あんなこと言わねばよかった」と後《あと》で気づいて後悔する時には、イエス様へ自分の発した否定的な言葉、よくなかった言葉を撤回し、赦《ゆる》しを乞《こ》うとよいのです。政治家もしばしば悪い言葉を発した後、国民の前で発言の撤回の場面はよく見ます。

❖神に励まされて、人々を励まし、良いわざに励む生活

私は後期高齢者となり、自転車で買い物へ出かける時、神、主に向かって、漕《こ》ぐ力、走る力に感謝し、日用品、食料品を買い物できる経済力に感謝し、そして作る力、食べる力、見る力、机上では考える力、読む力、書く力、話す力等々、これら生きていく力に感謝しています。

当たり前のようなことが、この年齢になり弱さを覚えて、一つ一つの力をありがたく、神、主に感謝を捧げます。私事だけでなく、すべてのことに感謝を捧げることで、感謝力が増してきます。

ところで、巨大災害、巨大地震の予測が言われる昨今ですが、大自然におけるこれらの巨大な力はどこから来るのでしょうか？　微力ながら、私の力もどこから来るのでしょうか？

それは「天と地とを造られた主から来る」ですね。

さて、私が昨今注目する力は「励ます力」についてです。すべての力の源であられる神、力の根源である方、力の基《もとい》であられる神、主に願ってこの「励ます力」を力いっぱいいいただきたいものです。

聖書は「神の励まし」に満ちています。その励ましとは、神の愛とあわれみと、慈《いつく》しみと慰めと、恵みと平安と、咎《とが》と背《そむ》きとの罪の赦《ゆる》し、豊かに報いてくださる方、祈りの答、すべての守りと助け、神の約束の成就、とこしえの希望。

私たちは「神からの励まし」をいただいてこそ、人々を「励ます力」が与えられますから、聖霊の力と愛を求めてまいりましょう。

『忍耐と励ましの神が、あなたがたを、キリストイエスにふさわしく互いに同じ思いを持つようにしてくださいますように』(新約聖書　ローマ15：5)

❖自然界は第二の聖書

皆さん、イメージをもって次の生物が何か考えてみてください。

1　自然の先生であり、命の尊さ、はかなさ、素晴らしさ、家族のために働き、命さえ惜しまない
2　外敵と戦う勇気を持ち、小さな体なのに人様に役立つものを作り出す
3　人間には作れないもの、多彩な生産物を与えてくれる
4　人間の食物全体の、実に二十五パーセントを頼っている
5　その働きは、一年で数十兆円に相当する
6　その働きの作物は、一〇〇種類以上を荷《にな》っている
7　小さいのにその能力は、超高度なＧＰＳ機能を備えている
8　リーダーは一匹だが、働く部下は何万で、一つのブロックに五万くらい。それがいくつもある

9　リーダーの匂いで見分け、仲間を統率し、識別する
10　美しい六角形の家を持ち、掃除係、子育ての世話係、それぞれが役割を持ち、使命を果たしている
11　生きた生物は食さず、他者犠牲はしない食生活をしている
12　お花が大好き。いろいろな花を愛してやまない
13　ダンスをして、お花畑へ仲間を誘い出す
14　世界には九種類いるが、日本のものは貴重な存在である
15　リーダーの寿命は三年だが、部下は一、二か月である
16　この生物が作り出すものは、主《おも》に四つある
17　この生物が地球から、日本からいなくなったら、大変なことになるでしょう

さて、読み進むにつれ、お分かりになったことでしょう。そうです。これらはすべてミツバチのことです。ミツバチは「花バチ」でBee（ビー）と呼び、幼虫の餌として花粉や蜜を蓄え食します。日本ミツバチ、西洋ミツバチ、クマバチ、マルハナバチ

のことです。

「ハチ」は狩りバチ、狩りをする＝Wasp（ワスプ）で、ススメバチ、アシナガバチのことであり、昆虫を襲って食します。狩猟バチとも呼ばれ人を刺します。即ち、ミツバチとハチは違うということです。

自然界は「第二の聖書」と呼ばれています。神様が創造された自然、生物を見ると、その不思議さ、神秘さには驚くばかりです。中でもミツバチが作り出すハチミツは、花によってそれぞれに違う味がします。また、ハチミツ以外にも、栄養高価なロイヤルゼリー、抗菌力のあるプロポリス、蠟燭《ろうそく》やクレヨンやワックスに用いる蜜ろう、とさまざまな効果を備えて作り出すのです。すごいですね。

オペラ「サムソンとデリラ」に登場する強力《ごうりき》サムソンは、三二〇〇年前の人ですが、「獅子と戦って、これを引き裂き、その体の中にある蜂の子とハチミツを手でかき集め歩きながら食べた」という興味深い記事が、『旧約聖書・士師記』に記述されています（14章6節－9節）。

二〇二〇年に亡くなった、自称カントリージェントルマン、英国出身の作家C・

W・ニコル氏は、長野県信州の自宅近くにある荒廃した森を再生させ設立した「アファンの森」にやって来るクマに関して書いています。「クマはハチの巣を襲い、壊すこと。どうやら、ハチミツと蜂の子には、クマを引き寄せる魔力があるらしい」と、二〇一九年九月の毎日新聞で読んだのを記憶しています。

さて、私は、いろいろなハチミツを買ってきて、どれが好みかを確かめるべく、当時小学五年生の孫娘と舐め舐めして楽しみました。孫は「ひまわり」の花蜜、私は「マヌカ」が好みでした。そして二人でミツバチに関する本を六冊読みました。『ミツバチ　だいすき』（福音館書店）、『ミツバチのはなし』（徳間書店）、『はちみつ』『ミツバチおじさんの森づくり』（ライトワーカー）、『みつばち高校生』（サンクチュアリ出版）、『プーのはちみつとり』（岩波書店）です。

ある夏の思い出

ある年の夏休みも終わりの頃、隣家に住む、当時十歳の孫娘がやって来ました。

ピアノ、英語、演劇など、習い事に忙しい彼女は、

「おばあちゃん。今日は私、しんどかったけど、みことばを読んでいると、元気が出てきたので、絵を描いたよ」

と言って、一枚の紙を渡してくれました。見ると、鉛筆で二つのみことばがあり、それぞれ絵が描かれていました。

一つ目のみことばは、『初めに、神が天と地を創造した』（旧約聖書　創世記1：1）でした。その下に、黄色の色鉛筆で星がちりばめてあり、黒色でバックが塗られていました。その横には、雲がもくもくと描かれて、ブルー一色でバックが塗られていました。彼女なりに、天地創造の場面を思い描き、天を仰いで、夜の星々と朝の大空を描いたのでしょう。聖書には『夕があり、朝があった。第一日』（同1：5）と記述さ

れています。

二つ目のみことばは、『わがたましいよ。主をほめたたえよ。主のよくしてくださったことを何一つ忘れるな！』（旧約聖書　詩篇103：2）でした。

私もこのみことばを口ずさみ、年の数だけでも感謝を捧げます。生まれてから今日までの日々を思い起こし、主の助け、主の守り、主の慰めと励まし、主の癒やしと力づけ、主の導き、主からの祈りの答え、主からの平安をいただき、誠に主は恵み深く、私はとこしえまで感謝を捧げます。

ダビデに見習い、毎朝「詩篇100：1－5」と先の「詩篇103：1－5」とを朗読しています。

『全地よ。主に向って喜びの声をあげよ。
喜びをもって主に仕えよ。
喜び歌いつゝ御前《みまえ》に来《き》たれ。
知れ。主こそ神。

主が私たちを造《つく》られた。
私たちは主のもの、主の民、
その牧場《まきば》の羊《ひつじ》である。
感謝しつゝ、主の門に、
賛美しつゝ、その大庭《おおにわ》にはいれ。
主に感謝し、御名《みな》をほめたたえよ。
主はいつくしみ深く
その恵はとこしえまで、
その真実は代々《よよ》に至る』（詩篇100）

❖キリストにある、心躍《こころおど》る程の栄光の富

冬のある日、新聞広告で一冊の本の題名に目が留まりました。『代官山「イル・プルー・シュル・ラ・セーヌ」が創る 新シフォンケーキ 心躍《こころおど》るおいしさ』です。

そういえば十年前に友人からいただいて食べたことがあります。記憶に残るおいしさでした。さっそく本を手にしてみると、写真を見るだけで、二十二種類のシフォンケーキの一つ一つを食べてみたい、作ってみたいという、引き寄せられる魔力を感じました。結局は見るだけになりましたが……。

さて、この「躍る」という漢字は、訓読みで意味は、「とびはねる、胸がわくわくする、おどる」で、音読みの熟語の中には、躍進、躍動、躍如、飛躍があり、勢いよく進歩する、活動する、発展する、生き生きと動く……という心が伴っていますね。

一方、よく知る「踊」るは、手や足や体が伴っておどることですね。

さて、あなたにとって、心が躍る程のものは何でしょう? シフォンケーキ以外に

心躍ることは何でしょうか？

私は聖書から、心躍る程のことを探してみることにしました。ご覧ください。

●イエス様の弟子の一人、ペテロさん。あの有名なみことばです。

『あなたがたは、イエス・キリストを見たことはないけれども愛しており、いま見てはいないけれども信じており、ことばに尽くすことのできない、栄えに満ちた喜びにおどっています。これは、信仰の結果である、たましいの救いを得ているからです』（新約聖書第一　ペテロ1：8、傍線筆者）

魂の救いの結果が、キリストにある栄えに満ちた喜びに、心が躍る程のことであると告白しています。

●栄光に輝く復活の主に出会った使徒パウロは、殉教を前にして語ります。

『今からは義の栄冠が私の為に用意されているだけです。かの日には、正しい審判者である主が、それを私に授《さず》けてくださるのです。私だけでなく、主の現れ（再臨）を

慕っている者には、誰にでも授《さず》けて下さるのです』（新約聖書第二　テモテ4：8、傍線筆者）

パウロは永遠の望《のぞ》みなる神、主に目を向けて、かの日を思い、彼にとって最も心躍《こころおど》ることが待っていることを確信しています。正しい審判者による評価と、義認（罪を悔い改めて、イエスを信じた者には、罪を認めず義と認めてくださること、信仰によってです）の思いこそ、パウロのたましいを満たし活動させ、キリストにある喜びを語っています。

●地上でイエス様の兄弟として共に過ごしたユダも語っています。

『あなた方を、つまずかないように守ることができ、傷のないものとして、大きな喜びをもって、栄光の御前《みまえ》に立たせることのできる方に……』（新約聖書　ユダの手紙24節、傍線筆者）

大きな喜びとは、心躍る程のことではありませんか。キリスト者は、神の御前《みまえ》に立つ日が来ますから、その日、心躍る者です。

その日、心躍る程の日とは、天において栄光輝くイエス様と、同じ栄光の姿に変えられて、主と顔と顔とを合わせる日、神が与えてくださる栄光にあずかる大いなる救いの日のことです。

●イエス様も私たちを励ましてくださっていますね。

「地上では（様々に苦しいことがありますが）、その日には、喜びなさい。躍《おど》り上がって喜びなさい。天ではあなた方の報いは大きいからです」（ルカの福音書6：22－23、傍線筆者）

●バックストン宣教師も語っています。

「愛する兄弟姉妹よ。私たちがこの地上に生きることを許されている期間は、本当に短いものでありましょう。与えられた機会は、ある日すべて終わりを告げます。イエス・キリストによるたましいの救い、主の再臨、かの日の審判の時とその報い。活ける望みと永遠の望みとを与えて下さる方。主に近づき、主を愛し、信頼して、言葉に尽くせない喜びをもって、心躍る程のキリストにある栄光の富にあずかりたいと思います」（『バックストン著作集』より。傍線筆者）

キリストにある栄光の富とは、朽《く》ちることも、消えてゆくこともない天にある資産。天の資産とは、聖霊を通し、キリストによって個人的に与えられる報《むく》い。それは、天的な富であり、天の御国《みくに》での霊的な祝福なのです。

❖「道を伝えて己を伝えず」ウィリアムスの後世《こうせい》への遺産

二〇一五年のこと、愛知県の「明治村」が五十周年と聞き、四十九年ぶりに大阪から出かけました。

目には青葉の森林浴も兼ね、建造物の数々を眺めました。当初は十五軒に過ぎなかった建物が、六十七軒に達し、敷地も三十万坪（一〇〇万平方メートル）に広がっています。明治に生きた人々の生活と、夢と志とに感じ入るのでした。

旧帝国ホテルのロビーでコーヒーを飲みながら、よくぞこれだけの建築物を移築したものぞと感動し、天に聳《そび》える十字架の諸教会の会堂内では厳かに祈りを捧げました。

一応教会堂を目指し、聖パウロ教会堂、聖ザビエル天主堂を見学し、シアトル日系福音教会（アメリカのワシントン州シアトル市から移築）は村営バスで通り過ごしまして、重要文化財の一つでもある、聖ヨハネ教会堂へ参りました。京都から移築されたそうで、天井が京都の竹で張り巡らされて、今も艶やかに光っていました。説明によると、この教会を建てたアメリカのウィリアム宣教師は、節約に節約を重ねた貯金でこの会堂を建て、日本滞在五十年間の間に、他にも多くの教会、福祉施設、学校、病院を建設しました。

大阪のバルナバ病院等の創設者でもあるのですが、彼の名が知られていないのは「道を伝えて己を伝えず」の生き方を貫いたからだと言われています。

道とは、キリストの道ですね。また、天の御国《みくに》へ凱旋《がいせん》への道。行き着くところは、神と共に住む天の場所です。

『この御国《みくに》の福音《ふくいん》は全世界に宣《の》べ伝えられて、すべての国民にあかしされ、それから、終《お》わりの日が来ます』（マタイ24：14）

❖あなたは何を願いますか

一九七七年のこと。我が家の長男と次男が幼き日、山口県に住む私の叔母に久しぶりに会ったとき、「何でも欲しいものを買ってあげるから言いなさい」と言われ、次男はすぐに答えたそうです。長男は遠慮深げで、デパートでやっと決めたそうです。叔母は即答した次男に感心していました。即ち彼は「この大叔母さんは、ぼくの欲しいものを何でも買ってくれる人だ」と信頼していて、新幹線の中で思い巡らしていたのでしょう、心に決めていたようです。大叔母に全幅の信頼を寄せていたのでした。

三〇〇〇年前、イスラエルの三代目のダビデの子ソロモンが王位に就《つ》いた夜、神はソロモンを祝して言われました。

「あなたに何を与えようか。願え」と。

ソロモンは即答しました。

「知恵と知識を私に下さい。国民を公正に裁くために」と。

神は仰せられました。

『あなたは自分のために、富をも財宝をも、誉《ほまれ》も、あなたを憎む者たちの命をも求めず、さらに長寿をも求めず、王としてその民を正しく裁くことができるようにと、その知恵と知識を求めたので、それは、あなたのものとなった。その上に、これまでの王たちにもない程の、富と財宝と誉とをあなたに与えよう』

と。それは歴史上においても、かつてない程の記録が、「旧約聖書　第二歴代誌1：10－12」に記されています。

さて、主なる神は、あなたにも、私にも「あなたは何を願うのか。一つだけ言え」と仰せられます。私は心に決めていることがあり、絶えず祈り、願っています。そして主に全幅の信頼を寄せています。

数年後、神は祈りにお答えくださいました。

あなたは何を願いますか？

神の応答には、年月を要することもありますが、信仰による忍耐が必要ですから、諦めないで、祈り、願い続けましょう。

❖私の守りは、天と地を造《つく》られた主より来る

一九九六年、我が家の三男が、アフリカ宣教の見学のためケニアに一か月滞在したことがありました。

ちょうどマラリアが流行して、日本人の死亡のニュースも入ってきていました。彼は色白で、蚊に好かれるタイプなのか、家の庭の水まきも避けていましたから、遠く離れている親としては心配でしたが、神に頼るほかありませんでした。教会員一同もお祈りくださいました。

その時私は、一枚の色紙を用意し、旧約聖書の詩篇91篇を書き写し、3節から13節までの「あなた」と書いてあるところを三男の名前に置き換え、14節~16節までの「彼」と書いてあるところも同様に置き換えて書きました。それは息子のために祈っているからでした。これが自分のためにでしたら「私」に置き換えます。

なお、聖書の中で、ひらがなの「わたし」は神ご自身のことです。漢字の「私」は

その人自身のことです。

さて、この詩篇91篇は、主の守りのみことばですから、声を出して朗読し、主イエスの御名《みな》によって守りを宣言しました。息子が帰国するまで毎日毎日です。神は祈りに答えてくださいました。

そんな三男は現在、北九州に住み、門司港《もじこう》のチャペルで、ピアノ奏楽のお嫁さんと共に牧会し、介護ホームでケアマネとしての仕事とともに頑張っています。主に栄光！　主に感謝です。

後年、世界中でコロナが蔓延《まんえん》した頃、アメリカ、オーストラリア、ヨーロッパ他、各国の教会からのニュースで、詩篇91篇が唱《とな》えられたようです。

私方も、大きな紙にマジックペンで大きな文字で「詩篇91：1－16」を書き、壁に貼り、大きな声で毎日、主に向かって告白しました。おかげで家族は守られました。

❖知恵者中の知恵者

一九八五年、私はある会社のセールス部門に籍を置いておりました。上司の命により、各チームのリーダー（五、六人）が、毎朝交代で朝礼の話を五分間することになって、一週間に一回、自分の順番が廻ってきました。

私はクリスチャンなのだから、それらしく語るべきだと心得て、ある朝、旧約聖書箴言《しんげん》30章24節～28節を暗記して、簡単にその内容を語りました。何を語ったのか……当時を再現してみます。

（箴言とは、三〇〇〇年前、イスラエルのソロモン王が、若者たちへ語った教訓。主題は、神を信頼する、主を恐れることを教えています）

【箴言30章　24－28】

この地上には小さいものが四つある。しかし、それは知恵者中の知恵者だ。

郵便はがき

料金受取人払郵便

新宿局承認

2524

差出有効期間
2025年3月
31日まで
(切手不要)

1 6 0-8 7 9 1

141

東京都新宿区新宿1－10－1

(株)文芸社

愛読者カード係 行

お名前《ふりがな》		明治 大正 昭和 平成	年生 歳
ご住所《ふりがな》	□□□-□□□□		性別 男・女
お電話番号	(書籍ご注文の際に必要です)	ご職業	
E-mail			
ご購読雑誌(複数可)		ご購読新聞	新聞

最近読んでおもしろかった本や今後、とりあげてほしいテーマをお教えください。

ご自分の研究成果や経験、お考え等を出版してみたいというお気持ちはありますか。

ある　ない　内容・テーマ(　)

現在完成した作品をお持ちですか。

ある　ない　ジャンル・原稿量(　)

<table>
<tr><td>書　名</td><td colspan="4"></td></tr>
<tr><td rowspan="2">お買上
書　店</td><td rowspan="2">都道
府県</td><td rowspan="2">市区
郡</td><td>書店名</td><td>書店</td></tr>
<tr><td>ご購入日</td><td>年　月　日</td></tr>
<tr><td colspan="5">本書をどこでお知りになりましたか?
1.書店店頭　2.知人にすすめられて　3.インターネット(サイト名　)
4.DMハガキ　5.広告、記事を見て(新聞、雑誌名　)</td></tr>
<tr><td colspan="5">上の質問に関連して、ご購入の決め手となったのは?
1.タイトル　2.著者　3.内容　4.カバーデザイン　5.帯
その他ご自由にお書きください。
(　)</td></tr>
<tr><td colspan="5">本書についてのご意見、ご感想をお聞かせください。
①内容について

②カバー、タイトル、帯について</td></tr>
</table>

弊社Webサイトからもご意見、ご感想をお寄せいただけます。

ご協力ありがとうございました。
※お寄せいただいたご意見、ご感想は新聞広告等で匿名にて使わせていただくことがあります。
※お客様の個人情報は、小社からの連絡のみに使用します。社外に提供することは一切ありません。

蟻は力のない種族だが、夏のうちに食料を確保する。
岩だぬきは強くない種族だが、その巣を岩間に設ける。
いなごには王はないが、みな隊を組んで出て行く。
やもりは手でつかまえることができるが王の宮殿にいる。

　ここには、小さな生き物が四つ登場します。「蟻」と「岩だぬき」と「いなご」と「やもり」です。これは知恵者中の知恵者だというのです。それぞれを私なりに解釈しました。

「**蟻は力のない種族だが、夏のうちに食料を確保する**」
　蟻は、やがて冬がやって来ることを知っているので、怠けずに夏の間勤勉に働きます。人生もあっという間に冬になり、老年の時が来る。せっかくの機会（チャンス）を逃してはならない。大切な時を認識して神に会う備《そな》えをしましょう。

「**岩だぬきは強くない種族だが、その巣を岩間に設ける**」

岩だぬきは、岩間の間に住んで、危険から身を守っています。彼らは直面する危険の現実を知っているのです。人間もあらゆる危険や誘惑から身を守るために、神こそ我が岩、我が砦と、ダビデのように、神の御側《みそば》近くに身を寄せるとよいでしょう。

「**いなごには王はないが、みな隊を組んで出て行く**」

一匹だけのいなごは無力な昆虫でしかありません。しかし大群となると、大きな力を発揮します。集団で力を合わせて事を成す一致団結。私たちも、家族で心を合わせる愛と一致。教会における一致と団結。職場における一致と協力。そこには大きな力と働きを見ます。

「**やもりは手でつかまえることができるが王の宮殿にいる**」

やもりは人間の手で捕まえることのできる弱いものです。一見見栄えもなく、みすぼらしく、つまらない生き物のようです。それが王の宮殿に堂々と住んでいるとは、何としたことでしょうか！　考えてみると、私たち人間も神の目から見てみすぼらしく、つまらないように見えます。しかし、やもりのように天の御国《みくに》の主なるイエスに近づいて、王の王、主の主、の神殿に住むことができるのです。それは神の恵みだから、です。

『彼らはあなたの王国の栄光を告《つ》げ、
あなたの大能のわざを語るでしょう』
『あなたの王国は、永遠にわたる王国。
あなたの統治は、代々限りなく続きます』（詩篇145：11・13）

❖キリストの朱色の温泉にお入りなさい

ある年の四月の末、私は夢を見ました。その夢について私は思い巡らしました。大変リアルで、色鮮やかでした。登場人物は親しい婦人でした。

その婦人は、とても美しいコバルトブルーの温泉を楽しんでいましたが、もう一方の赤い色の温泉に入りたいと言ってこられました。とても美しいコバルトブルー。この色の美しさは、和歌山県の熊野川で見たことがあります。さて、赤色の温泉とは？関西の兵庫県有馬温泉は茶色ですし、大分県別府の血の池温泉はもう少し濃い赤色でした。

それにしても婦人は、長い人生の旅路において、目に見えるこの世の美しいコバルトブルーの温泉で喜び楽しみましたが、一時的なものでしかありませんでした。もう一つの温泉には、真の休息があると聞いてやって来たのでした。

赤い朱色の温泉とは？　イエス・キリストの（人類の罪の代価として罪なきお方が

十字架上で流された）御血潮《おんちしお》ではありませんか。この温泉に入って、心の傷は癒《い》やされ、罪はきよめられ、生まれ変わって、真の平安をいただき、ほっこりと真の休息を得、一時的ではない目に見えない価値あるものを得たのでした。

とこしえの慰めと、とこしえの喜びと、永遠の命と、永遠の救いです。そうです。この世の温泉の次には、キリストの朱色の温泉へおいでください。それは教会に据えられています。イエス・キリストの朱色の温泉は、人生の心の中の汚れ（罪）をきよめてくださいます。すっかり生まれ変わることができるでしょう。

心の平安と休息と、喜びと楽しみと、救いと永遠の命が与えられることでしょう。

『御子《みこ》イエスの血はすべての罪から私たちをきよめます。

もし罪はないと言うなら、私たちは自分を欺《あざむ》いており、真理は私たちのうちにありません。

もし私たちが自分の罪を言い表すなら、神は真実で正しい方《かた》ですから、その罪を赦《ゆる》し、すべての悪から私たちをきよめてくださいます』（ヨハネ第一　1：7－9）

❖読書と父

さて、これは一九三五年頃の実話ですが、想像力をもって、次のものは何様《なにさま》のことか考えてみてください。

1　キッと正面を見据える瞳をもち
2　張り子のように張った胸をもち
3　ガッチリとした体つきで
4　美しくどっしりしていて、他のものを寄せ付けないような威厳のある姿
5　ゆうゆうと力強く歩いている姿
6　落ち着いて、たくましく、強く、どんな厳しいことにも我慢強い
7　チャンスを逃さない機敏さがあった
8　種々の訓練には一年くらいかかるが、このものは覚えが良くて半年で覚え込んだ

9　泳ぎを教えると、水底に沈んだものを引き上げてきたことも
10　空の敵、クマタカ（羽を広げると二メートル以上ある）とも戦って勝つことができた
11　山中のボスの大ザルとの戦いで「サルのだまし落ち」にだまされず、見抜いて勝利した
12　山地の敵のクマに立ち向かい、ひと冬に十頭以上のクマを打ち取った
13　山々を越え、谷を越え、峠を越えて、片道二〇〇〜四〇〇キロメートルを往復することができた
14　中型なのに、大型と引けをとらない風格があった
15　ケンカ犬の土佐犬の闘犬界の横綱がとびかかってきたが、打ち負かした
16　ピンと立った耳（立ち耳）
17　たくましく巻き上がった尾（巻き尾）
18　死に方も立派なものであった

読み進むにつれてお分かりになったことでしょう。そうです。お犬様です。日本犬も種々あるようで、紀州犬、アイヌ犬、秋田犬、土佐犬他、中でも前述の犬は、山形県東置賜郡高畠町高安の高安犬《こうやすいぬ》の最期の様子です。

三月のある日、子供たちの本棚から何気なしに取り出して読んだ、戸川幸夫著の『高安犬物語』に感動して、この犬についての特徴を文中から書きまとめました。

神様は、動物といえどもそれぞれに能力を与えておられます。動物の性質をとらえて、人間が訓練することにより、厳しさと愛とをもって接するとき、犬にも与えられた能力を最大限いかし、全力をもって人間に応《こた》えていました。

私の手元にあるこの子供向けの本は、一九六九年発行で、私の父から孫たちへ贈られた本の一冊です。父は私が大阪へ嫁いでから、毎月本を送ってくださいました。孫が一人増えると本も増え、五人の孫たちへ、毎月五冊送ってくるのでした。父は七十九歳で亡くなりましたが、亡くなる一年前の二十五年間送り続けてくれました。

偉人の伝記、図鑑シリーズ、化学、美術、日本歴史シリーズ、物知りシリーズと、その数は天井近く書棚が四つ並んで収められました。子供たちも本に親しみ、孫たちも本好きになりました。私も趣味は読書です。

亡き父への思いを、ここに綴《つづ》らせてください。

「お父さん、ありがとう。たくさんの本を、何年もの間、贈ってくださって……。当時私は、子育てと仕事とに追われていて、毎月の本のお礼を言ってなかったように思います。本当にごめんなさい。

優しい父でしたのに、優しくなかったこの私。私のきょうだいたちと共に、よくしてくださったのに、感謝の足りなかったこの私。本当にお許しください。父に対する愛の欠如の罪を思います。もう一度会いたいと切に思います。ああ、悔いのない人生とは、イエス様のおっしゃるように、神を愛し、隣人（家族をはじめ）をもっともっと愛することだと思います。

お父さん、ごめんなさい。そして、ありがとうございました」

『あなたの父と母を敬《うやま》え』（旧約聖書　出エジプト記20：12）
「十戒」の五番目の戒《いまし》めです。

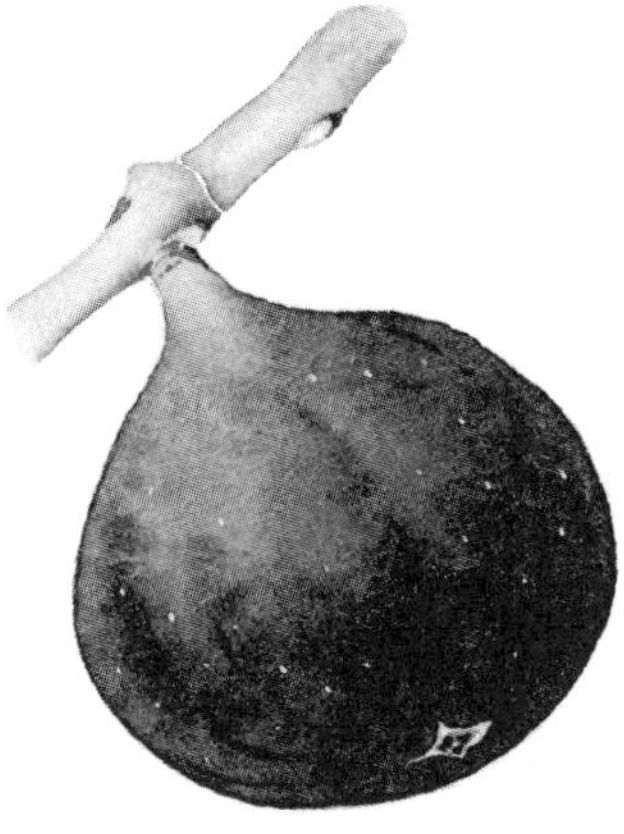

❖金婚式の次はダイヤモンド

二〇一六年十月九日は、私ども夫婦の金婚式でした。夫七十四歳、私七十三歳。なんと言いましても、この日まで、共に生きてこられたことを神に感謝したいと思います。

幸いにもこの日は日曜日でしたから、本当は二人で神の御前《みまえ》に出て感謝の祈りをお捧げできたらよかったのですが、いつものように私一人で教会の礼拝へ出席したのでした。

この日私は、愛用している衣服を着て出席しました。それは四十年前、義姉（長女）が義母へ手作りしたもので、義母亡き後、義父に了解を得て私が頂戴したものです。薄いウール布地で、モスグリーンと茶色の柄のアンサンブルのワンピースとベストです。室内用のベージュの帽子と腰ひもは、亡き義姉（次女）のものでした。これを着て教会の礼拝堂で写真を撮ってもらい、主人の姉弟たち三名に、五十周年の感謝の手紙を添え、日頃の御無沙汰のお詫びがてら書き送りました。夕食には気持ちばかりの小さい鯛《たい》を用意して、感謝の祈りをお捧げしました。

神様へ「満ち溢《あふ》れるばかりの感謝をお捧げしたいのです」と今年になって祈り続けていましたら、神様は私の思いをはるかに超えて、私に溢れるばかりの恵みをお与えくださいました。私の弟からの贈り物があり、普段の五十倍の献金ができたのでした。背後にあって私どもの祝福のためにお祈りくださっている方々へ心から感謝しております。

結婚六十年のダイヤモンド式まであと少しとはいえ、二人とも険《けわ》しい山道の一歩一歩の日々です。

『あなたのあわれみは大きい。主よ。あなたが決めておられるように、私共夫婦を生かしてください』（詩篇119：156）

❖神のなさることは時にかなって美しい

二〇二一年は、神の恵みに満ちた年でありました。春の頃から主人と共に、美しい挿絵入りの「子供聖書」を朗読し合いました。夏には、孫から借りた小学生の教科書（国語一年～六年生まで）から、童話を読み合いました。秋には聖書のみことばを選《よ》りすぐり、二人で朗読を続けました。冬の前からは、「主の祈り」「使徒信条《しとしんじょう》」「詩篇（旧約聖書）」の一部を日々唱《とな》えていました。

そんなある日、主人の救いの日が突然やって来ました。十一月三十日。その前日から、北海道に住む長男と、沖縄に住む四男と彼の小学生の次女が、主人の見舞いに来訪していました。その日は、主人を囲んで娘婿もギターを抱えて皆で賛美を始めました。その後、牧師である長男が、主人と二人きりになり、神の愛、親子の愛を語り始めると、主人は感極《きわ》まり、普段は何も語らずの人が、ただ一言、口を開き、涙ぐみながらこう言いました。

「イエス・キリストを信じます。受け入れます。私に洗礼を授《さず》けてください」と告白したのです。そこで一同、皆集《つど》いて、礼拝を捧げ、父なる神の御愛《ごあい》、御子《みこ》イエス・キリストの豊かな恵み、聖霊の導きと助けにより、主人の洗礼式となりました。一同皆、涙をもって喜び合いました。主人の救いは、妻である私の願い、私の嘆願、私の悲願、私の執念でありました。結婚五十五年目でした。

背後にあって、多くの皆様のお祈りがあったことを、心から感謝申し上げます。主に栄光！　主に感謝！　ハレルヤ！　アーメン！　です。

これからも、ご真実な主と共なる歩みを続けたいと願います。

こんなにも素晴らしい救い！　こんなにも尊い救い！　完全なる救い！　全幅的な救い！　大いなる救い！　これほどまでに大きな救い！　永遠の救い！　とこしえまでの救いを決してなおざりにしてはなりません！　決してないがしろにできましょうか！　とこしえまで、感謝をお捧げします。

第二部　聖書とは

❖聖書は神の言葉である

「聖書は神の言葉である」と、一九九六年、神学校在学中にミニ論文を提出したことがあります。再度述べてみたいと思います。

●第一番目に、神はみことばを通して、ご自身を自己啓示されます。『わたしは有《あ》りて、在《あ》る者』『わたしは、全能の神である』『わたしはあなた方の神、主《しゅ》である』と語られ、旧約聖書全般に紀元前の時代から神ご自身が選ばれた預言者たちを通して語られました。中でもイザヤを通しての、神の何たるかのみことばは広大無辺であり、栄光に輝いています。

『わたしは光を造《つく》り出し、やみを創造し、
平和をつくり、わざわいを創造する。
わたしは主。これらすべてを造《つく》る者』
『天よ。上から、したたらせよ。
雲よ。正義を降《ふ》らせよ。
地よ。開いて救いを実らせよ。
正義も共に芽生えさせよ。
わたしは主。わたしがこれを創造した」（イザヤ書45章　7－8節）

●第二番目に、世界の歴史を通して啓示されます。『わたしはアルファであり、オメガである』と仰《おお》せられる主は、初《はじ》めであり、終わりである方として、旧約聖書の『創世記』は天地創造の始まりの「アルファの書」であり、西暦の紀元前を表すB．Cは Befor Christ の略で、キリストご降誕以前の意味を表し、西暦の起源A．Dもキリストご降誕後の意味を表すラテン語の略です。

すなわち、キリストを中心にして西暦があり、新約聖書の『黙示録』は「オメガの書」として終末の預言書でもあります。世界の四大帝国もダニエル書に預言されています。キリストについての預言は、旧約聖書全般に及び、神のことばどおりに歴史は動いていることを知るのです。

第三番目に、神は世界の人物を用いて啓示されます。世界の偉人の伝記の書物を見れば、九十五人中八十七人が聖書の神を信じている事実（ヘンリー・H・ハーレイ著『聖書ハンドブック』より）は、注目に価《あたい》します。アメリカの歴代大統領をはじめ、ノーベル平和賞にもたくさん（ヘレン・ケラー、ナイチンゲール、マザー・テレサ、ルーサー・キング牧師ほか）おられます。

日本では同志社大学創立者の新島襄《じょう》、キリスト教社会運動家の賀川豊彦、エリザベス・サンダース・ホーム創立者の沢田美喜、そして近頃新札の顔となった津田塾大学創立者の津田梅子ほか、聖書は数えきれないほどの人々の指針となり、人格の形成に多大な感化を与えたのです。「良い木は良い実を結ぶ」とあるとおりです。

●第四番目に、聖書は文書によって、神の恵みと神の権威を通し啓示されます。信仰をもって神のことばを信じたとき、神のことばを、口で告白した時、神がみことばを通して働いてくださることを体験します。
患難《かんなん》に出合うたび、私は口で告白しました。『私の助けはどこから来るのだろうか。私の助けは天と地を造られた主より来る』『あなたのおことば通り、この身になりますように』（詩篇121：1－2）（ルカ1：38）と。

祈りと共に、祈りに対する応答があります。文字どおり、真実に助けられ、神の言葉に励まされ、生きてまいりました。

●第五番目に、聖書には感動があります。拝読していると涙も出て来る場面に出合います。それは、内容が事実であり、真実であるから、魂《たましい》に響《ひび》いてくるのです。霊（心）の糧《かて》として、みことばを食べていく時、肉（体）の糧《かて》以上に生きる力を得るのです。

●第六番目に、自然界を通して神は啓示されます。
未信者の宇宙飛行士は、宇宙での感想を「天に行ったら神がいるかと思ったが、神はいなかった」と述べ、信者の宇宙飛行士は「地球は青く見えた。神がこの地球に人間を住まわせるために創造したという創世記の記事を信じた」と語りました。

●第七番目に、聖書は神の霊感を受けて書かれたものです。
人類に対する神のご計画と目的を知り、十字架の神の愛を知り、復活の希望と永遠の命、そこにある天の富と霊的祝福をいただくことができるのです。神の知恵と知識は、人間の考えをはるかに超えていることを知るのです。

●聖書はその意味（内容）において、その歴史において、その証拠において、誤りなき神の言葉、比類なき書の中の書、その英知は計り知れないのです。

『人はみな草のようで、その栄《さか》えは、みな草の花のようだ。草はしおれ、花は散る。しかし、主のことばはとこしえに変わることがない』（ペテロ第一　1：24―25）

❖霊とたましい

聖書を読んでいると「霊」と「たましい」という言葉がたくさん出てきます。そこで、「霊」と「たましい」の違いを知りたいと思い、一冊のノートを用意し、聖書の初めから終わりまでを読みながら、それぞれの言葉をピックアップして書き留め、真理の探究を始めました。

聖書は、聖書によって解明されると思ったからです。神のみことばから教えられています。

天地創造のみ業《わざ》の第六日目に、『神に似るように、神のかたちに人を想像し、その鼻に、いのちの息を吹き込まれた』。即ち『神は霊である』から、人間も霊的存在として創造されました。人間は霊であり、たましいを持っており、肉体《からだ》の中に住んでいます。人間の肉体が死んで墓の中に入っても、その霊は生き続けています。人間のこの部分は永遠のものです。霊は決して死ぬことがなく、人間は霊であるからです。

私たちの「霊」とは何でしょうか？

神は私たちの霊を通して、私たちを導かれます。聖書が心について語る多くの箇所で、それは霊をさしています。信仰は霊のことがら、すなわち、心のことがらであるのです。

アメリカの伝道者ケネス・ヘーゲンは、霊と魂《たましい》についてこのように語っています。

「私のからだで、私は、物質的領域と接触する。私の霊で、私は霊的領域と接触する。

するとと私がそれ以外の領域と接触するもう一つの私の部分が残りました。その時、私はわかりました。すなわち、私が知的領域（知性と意志であるたましいの領域）と接触するのは、私のたましいと関係があるはずだ。と。それで私は、私のたましいで私の知性の領域と接触する。

私たちは、自分の知性で神と接することはできません。

私たちは、自分の肉体で神と接することもできません。

私たちは自分の霊でのみ神と接することができるのです。

心で信じるとは、霊で信じることを意味しています。

『人はパンだけで生きるのではなく、神の口から出る一つ一つのことばで生きる』（マタイ４：４）

神のことばは私たちの霊を強くする食物なのです」（『信仰の土台』より）

人間の知性は、たましいの一部であることが分かります。


良心は霊の声です。

理性は魂、あるいは知性の声です。

感情はからだの声です。


イギリスの伝道者、スミス・ウィグルワースは次のように語っています。

「私は、自分が感じるものによって動かされません。

私は、自分が見るものによって動かされません。

私は、自分が信じることによってのみ動かされます。

私は、感情によって神を理解することはできません。

私は、みことばが神について述べていることによって神を理解します。

私は、みことばが主イエス・キリストについて述べていることによって主を理解します。主イエス・キリストは、みことばが彼について述べているとおりの方です」（『信仰の躍進』より）

❖キリストの救い

一九六〇年五月に私は、山口県下関市のルーテル教会で洗礼（バプテスマ）を受けました。当時、高校三年生でした。

何故、私はクリスチャンになったのでしょうか？

十八歳の私は、それまでの人生を振り返り、こんな自分に嫌気がさし、キリストによって新しい自分に生まれ変わりたいと願いました。

こんな自分とは、どんな自分なのでしょうか。

まず、私には四人の弟がいて、よくケンカをしたものでした。

姉としての兄弟愛の欠如の罪を認めました。

小学校時代の私は「親分」と呼ばれ、偉そうにしていました。クラスで最も貧しい友を見下げたり、高慢でした。家では仏壇の前で拝み、学校ではキリスト教の礼拝がありましたが、神は唯一ではないのかと真《まこと》の神を探し求め、そしてイエス・キリストに出会い、私は救われました。

人生を山登りにたとえるなら、登れば登るほど（年を経るごとに）、味わい知る神についての知識は、生きれば生きるほど、さらに開けゆく、大眺望の如しです。

「いかに時代は変化し、いかに世が変動してやむことなくとも、いかに暗雲は世界を閉ざし、暗闇の支配は色濃くとも、神の救いの計画は、いささか地に落ちず、変更されず、色褪《あ》せず、文字通り実現されるのです」（F・B・マイアー『きょうの力』より）

キリストの救いとは何か、クリスチャンライフは「新生、聖化、神癒《しんゆ》、再臨《さいりん》、栄化」に向かって、神と共に歩む、信仰と希望と愛の道でもあります。

ちなみに「新生」とは自分の罪を認め、悔い改め、キリストを信じて、新しく変えられて生きる。「聖化」とは、罪から離れてきよく生きていく。「神癒」とは神と向き合い、神体験（祈りの応答をはじめ）をすることであり、「再臨」とはイエス・キリストの空中再臨（携挙《けいきょ》）により、完全な救いを受けることで、キリストの栄光にあずかることが「栄化」です。

❖神の言葉の素晴らしさ

ある年のゴールデンウィーク。始まりからどこへも外出せず、主人も私も、読書三昧の日々を送りました。かつて五人の子供たちと食卓を囲んだテーブルに、二人並んで、それぞれお好みの書を読む日々でした。

主人は現代作家の文庫本を。私は、先頃天に召された太田多聞《おおたたもん》師（大阪府堺市、前「堺育麦《さかいいくばく》キリスト教会」牧師。次男の渉《わたる》氏は娘婿）を偲《しの》び、師が愛読された旧約聖書中の詩篇一一九篇に注目し、集中して毎日朗読しました。一一九篇は二十～三十分かかります。この箇所から、霊の糧を毎日いただきました。注意する箇所にしるしをつけ、塗りつぶしたりしているうちに、家庭用と教会用の聖書がカラフルになりすぎて、分かりにくくなり、ついに新しい聖書を購入し、一一九篇に関する資料本も新たに三冊加わり、合計十冊くらいを積み上げて、テーブル上がにぎわい、食事時にはお片付けをして、詩篇一一九篇に明け暮れた五月の幸いな日々でした。

一方の主人は文庫本ですから、二日くらいで読了し、また次のものを買っては読み、私よりは集中力があるようです。その集中力を聖書に向けるよう願いながら過ごしました。

旧約聖書の詩篇は一五〇篇からなっています。聖書の縮図であるとも言われ、人々の心情に最もよく、直接訴える書といわれ、聖書の宝庫とも呼ばれて、世界中の人から愛唱されています。詩篇第一篇は『幸《さいわ》いなことよ』で始まり、この言葉は、詩篇全体にこだまして、人の人生にとって何が「幸い」であるかを教え、「ハレルヤ」でしめくくられています。「ハレルヤ」とは神を誉《ほ》め称《たた》える意味で、世界共通語です。

神に愛されたダビデは、詩篇のうちの半分が彼の作詩ですが、彼は『私の幸いは、あなたの他にはありません』とうたっています。一一九篇は最も長く、ヘブル語アルファベット二十二の段落が、八節ずつまとめられており、一七六節あります。中心主題は『神の言葉を信頼し、それを守る者に祝福』を宣言しています。

聖書学者たちは、この箇所の表題をそれぞれに付けています。

『永遠なる神のことば』『神のみことばの栄光』『神のみことばを賛美して』『珠玉の詩篇』『壮大な詩篇』等。故太田師は『神の言葉の素晴らしさ』と付けています。

一一九篇の中で、神の言葉とは、みことば、み教え、みおきて、戒《いまし》め、仰《おお》せ、さばき、さとし、という言葉で表されています。

中でも、故太田師の愛誦聖句は156節です。

『あなたのあわれみは大きい。主よ。あなたが決めておられるように、私を生《い》かして下さい』

続いて私の愛誦聖句は盛りだくさんです。

『私は金よりも純金よりもあなたの仰《おお》せを愛します』（127節）

『あなたのみことばによって、私の歩みを確かにしどんな罪にも私を支配させないでください』（133章）

『あなたのみおしえは私の喜びです』（174節）

『私のたましいが生《い》き、あなたをほめたゝえますように』（175節）

❖真理とは何か

ある国では、電車やバスの車中、聖書を読んでいる人を見かけるそうです（以来私も折々に見習っています）。日本ではどうでしょうか……？　そんな国の人にこんな質問をしますと、きっと答えるでしょう。

「ポンテオ・ピラトってどんな人ですか？」

「ええ、知っていますよ、イエス・キリストの時代、ユダヤの国のローマ総督だった人でしょ！」と。

日本ではどうでしょうか？

イエス・キリストは十字架刑の直前、ピラトに裁判されます。その問答の中で彼は、イエスに質問しました。

「真理とは何ですか」と。

ピラトは素晴らしい質問をしたのですが、真理なるイエス・キリストを前にして、悟ることができませんでした。

私が高校一年の時、聖書で「ヨハネによる福音書」を学びました。その当時の試験問題にも「真理とは何か」と出されました。教える教師が熱心だったので、私もそれに答えられたように思います。

『イエスは言われた。わたしが道であり、真理であり、命なのです』（ヨハネ14章6節）

「わたしが道であり」とはどんな道でしょうか？

キリストと共に歩む、信仰の道……神への道……人生の道。

キリストと共にある天の御国への道……栄光への道。

主が導かれる道は、現在と未来との二つの道があり、すべて栄光と永遠に至る道であり、最も幸いな道です。

次に「真理」とは何でしょうか。

「わたしが」とありますから、イエス・キリストと共に道を行く、右にも左にもそれずに、迷える羊を羊飼いが道からはずれないようにと導いてくださる。素直に従う時、主の教えが真理ですから、真理の内を歩みます。行き着くところは、主が与えてくださる永遠の命なのです。

❖罪と咎《とが》

一九五六年、私が中学、高校の六年間、毎週聖書の科目があり、それは私の楽しみの時間でした。

初めての授業で、先生が、「罪」とは何ですか？　と尋ねられ、誰も答えないので、先生は黒板に白いチョークで大きな文字で「的《まと》はずれ」と書かれました。「的はずれ」とはどういう意味なのか、思い巡らしました。

「的」とは「神中心」に向けて、「はずれ」とは、目標をはずれることで、「自分中心」のことであると分かりました。「神中心」とは、神のご支配の中に、祝福の中に自分を置く人生です。

神の目から見て、人間の罪とは、あたかも花嫁の白い衣装に、死んだハエの糞《ふん》が付いているのを見るようで、眉をひそめることかと思います。私の心から見ると、罪とは、サタンのエサのようです。最初の造《つく》られた人間、アダムとエバは、そのエサにパクっいたではありませんか！　アダムを通して、罪が人類に入ってきました（原罪）。人間は罪が固有の特別な性格をもち、咎《とが》と汚《けが》れとを含んでいることを知っています。この二つの要素は、すべての罪人《つみびと》の良心の中に表れています。

『私たちの咎《とが》とは何か。私たちの神、主に犯したという私たちの罪とは何かと尋ねたら、あなたは彼らにこう言え。

他の神々に従い、これに仕え、これを拝み、わたしを捨てて、わたしの教えを守らなかった。あなた方自身、おのおの悪い、かたくなな心のままに歩み、わたしに聞き従わなかった』（旧約聖書　エレミヤ書16：10－12）

これは今から二六〇〇年ほど前、バビロン帝国の時代、神がその当時の預言者エレミヤに直接語られた言葉です。旧約聖書を拝読すると、神は罪と咎について多くを語られ、厳しく取り扱っておられるのが分かります。しかし、憐れみ深い神は、罪からの救いの手を伸べられ、救い主イエス・キリストを御降誕させたのでした。

人の命は血にある……アダムとエバ以来、全人類に及んだ罪の血を贖《あがな》う（イエスの血の代価を払って買い取る意）、罪のない血（神なるお方だけが罪のない血）を十字架上で流してくださいました。

『御子イエスの血は、すべての罪から私達をきよめる』（新約聖書　ヨハネ第一の手紙1：7）

キリストの十字架は私たちの罪のためでありました。神の言葉の中から罪のリストを、新改訳聖書から一部を取り上げてみたいと思います。

偶像崇拝、悪霊（占い、魔術）との交わり、むさぼり、神へのそむき、つぶやく者、不品行（不道徳）、ねたみ、そしり、批判（悪口）、敵意、争い、不和（和解しない者）、自己憐憫《れんびん》、無関心、怠惰など、数多く列記されています。

❖罪のリスト

ある牧師が、顔の髭《ひげ》を剃《そ》りながら思ったそうです。「剃っても剃っても毎日伸びてくる髭は、ちょうど人間の罪のようだ……。このまま放っておくと、無精髭をはやすことになる」と。

私も畑で雑草を引き抜きながら思ったことです。「取っても取っても毎日伸びてくる雑草は、ちょうど人間の罪のようだ。このまま放っておくと、根が張って、手がつけられず、見てはおれず、どうしようもなくなる」と。

人生における最も大切な問題の一つは、聖《きよ》くない人々が、どうしたら聖い神に近づくことができるかということです。さて、どうすればよいかを私なりにご案内します。

1　神のみことばを聞くことによって。

『どのようにして若い人は自分の道をきよく保《たも》てるでしょうか。あなたのことばに従ってそれを守ることです』（旧約聖書　詩篇119：9）と。

2　礼拝により神に近づくことによって。

罪は私たちを神に近づくことから遠ざけます。神は人間に罪の恐ろしい現実を理解してほしいと願っておられます。

3　神の愛を知り、自分の罪を認めて、悔い改めることによって。

一九八八年の頃、私はバジレア・シュリンクの書物をよく読みました。彼女はドイツの聖職者ですが、一〇〇冊を超える彼女の著作は、世界の六十か国語以上に訳され、そのメッセージは悔い改めへの妥協なき呼びかけと、そして神の権威からくる毅然たる、その深い霊的洞察は全世界に大きな影響を与えました。左記は、『変えられたいあなたに』（マリア福音姉妹会）の本からまとめた罪のリストです。

・あてにならない。無責任　・あわれみの心の欠如　・怒り
・嘘、虚偽、隠しごと　・うぬぼれ、虚栄心　・自分中心、エゴイズム

・つぶやき、おしゃべり　・心配、思い煩い　・感謝の念の欠如
・わがまま、自我　・偽善　・支配欲、権力欲
・人への恐れ、迎合　・口論、争い、分裂　・この世への愛と隷属
・嫉妬、ねたみ　・自己憐憫　・神経過敏
・十字架、苦しみをさける思い　・詮索　・尊敬の念の欠如
・高ぶり（プライド）、傲慢　・多忙　・短気
・中傷、悪口、うわさ話　・独善、自己正当化　・貪欲、むさぼり
・愛の欠如、情け知らず　・怠惰、無気力　・肉欲
・偶像崇拝　・反抗　・卑怯
・人の関心をひき認められたい　・批判、さばく　・ひやかし、あざけり
・不信　・不従順　・不和、苦々しい思い　・不信仰、落胆
・ぼんやり、空想　・抑圧、憂うつ　・利己主義、けち
・いら立ち、立腹　・無関心、無頓着、なまぬるさ

数々あれど、根本的な罪は、天地の造《つく》り主《ぬし》である神を認めず、信じないことであると、わかってくるのです。

❖神に対して弁明をする日

『神のことばは生きていて、力があり、両刃の剣よりも鋭く、魂《たましい》と霊、関節と骨髄《こつずい》の分かれ目さえも刺し通し、心のいろいろな考えやはかりごとを判別することができます。

造られたもので、神の前で隠れおおせるものは何一つなく、神の目には、すべてが裸であり、さらけ出されています。

私たちは、この神に対して弁明をするのです』

（新約聖書　ヘブル書4：12－13、傍線筆者）

1　生きている……イエス様は、みことばを種《たね》とかパン種にたとえて話されました。みことばは、イースト菌のように、人の心の中に生きて働きます。そして、みことばが、人の心に信仰で結びつき、深く根差すなら、人を生かします。

2　力がある……植物の生育は、種や根の中にある生命力、生育力によるものです。同様に、みことばは、聞く人々の心に働きかけ、悔い改めに導き、悪い習慣から解放されて、生き方が変えられ、人生を新しくする力を持っています。

3　鋭い……片側だけではなく、両側に刃のある剣は、的を外さずに目的を果たす上で、その機能と効力が発揮できます。

4　判別力に富む……魂と霊は密接な結びつきにあります。関節と骨髄についても、微妙なデリケートな結びつきの領域ですが、霊的分野と、肉体的分野にもみことばは働いて、人間の霊、魂、体の全域にまで及んできて、判別能力に富むようになります。

5　神の目には……ごまかすことはできません。心の動機を見通される神を恐れることを勧めています。

6　この神に対して弁明をする……『私たちは、おのおの自分のことを、神の御前《みまえ》に申し開きすることになります』（ローマ書14：12）。人は自らの生き方、言動について、責任ある者として、神の御前《みまえ》で問われるときが来ると、聖書は語ります。

『思い違いをしてはいけません。神は侮《あなど》られるような方ではありません。人は、種《たね》を蒔《ま》けば、その刈《か》り取《と》りもするようになります。自分の肉のために蒔《ま》く者は、肉から滅《ほろ》びを刈り取り、御霊《みたま》のために蒔《ま》く者は、御霊《みたま》から永遠の命を刈り取るのです』（ガラテヤ6：7－8）

❖救われること、救いの確信を得ること

世の中には数々の質問がありますが、世界中で最も大切な質問は何でしょうか？『救われるためには何をしなければなりませんか』（新約聖書　使徒の働き16：30）です。

なぜなら、各人の生涯に、生死を分けるほどに大切な魂の問題であるからです。最初のテンバンジェリスト（テレビ伝道者）として知られるレックス・ハンバード先生は、この答えとして四つの段階が必要であると答えました。

1　自分が罪人であることを認めること。

あなたは罪を犯したから罪人なのではなく、神の御目《おんめ》から見て、アダムとエバの原罪以来『すべての人は罪を犯したので、神から栄誉を受けることができず……』（新約聖書　ローマ3：23）『義人はいない。一人もいない』（新約聖書　ローマ3：10）

2　自分で自分を救うことができないことを認めること。

自分のよい行い、施し、道徳的な生活、正直、真面目でも救われることはありません。

3　罪のない血をもって、イエス・キリストが全人類の罪を負って十字架にかかってくださったことを信じること（罪の刑罰の身代わりとなられたことを信じて受け入れる）。

4　イエス・キリストを個人的な救い主として信じて受け入れること。

これら四項目を語っています。

一〇〇年前のイギリスの伝道者、オズワルド・スミスも語っておられます。

1　すべての人は失われており（神から離れていること）、永遠の死への道をたどっています。

2　罪の支払う報酬は死である。死には裁きが続く、逃れることはできない。

3　誰も自分の行いの義によっては救われることができない（行いではなく、信仰によって）。

4　救いは神の恵みであり、神のたまものです。人が新しく生まれることができるのは、キリストにより信仰による。

5　人が悔い改めて回心するとき、その生活は変えられる。古いものは過ぎ去り、すべてが新しくなるのです（回心とは、自分中心から神中心へと方向転換すること）。

二〇〇〇年前、使徒パウロ先生は、この質問にズバリ答えています。『主イエスを信じなさい。そうすればあなたも、あなたの家族も救われます』（新約聖書　使徒16：31）。ペテロ先生も語られました。『この方以外には救いはないのです』（新約聖書　使徒4：12）と。

二〇〇〇年前の一人の人物が、一つの質問をしたとき、それは現代人にとっても大切な魂の問題であり、諸先生方が代表してお答えくださいました。その後に続く質問も、大切であろうかと思います。それは「自分が救われていることが、どうして分かるでしょうか……？」ということです。
神の御目《おんめ》から見ると、私たちの罪は自分では返せない借金のようです。キリストがご自身の罪なき血潮を、私たちが受けるべき罪の刑罰を、十字架上にて身代わりに流してくださいました。血は血をもって贖《あがな》う。血の代価をもって（罪の負債を）買い取られた……故に負債をみな支払ってくださいました。

「救いの確信」については、聖書から七つの証明を述べてみましょう。
1　神の霊の証《あかし》によって知る。『イエスを神の御子と告白するなら、神はその人のうちにおられ、その人も神の内にいます』（第一ヨハネ4：15）
2　救われた者は、性質、生活、態度が変えられる。『目に見える兄弟を愛していない者に、目に見えない神を愛することはできません』（第一ヨハネ4：20）
3　罪に対して敏感になり、背を向け、正しさ、きよさ、愛、善に親しむようになる。
4　人々の前でキリストを告白することを好むようになる。
5　この世の目に見えるもの（目の欲、肉の欲、暮らし向きの自慢等）ではなく、目に見えない天にあるもの（永遠の命、天の御国）に心を向けるようになる。
6　主のみことばに従うようになる。
7　主を知ることを求め、主を愛し、主を慕い求めて、主の御側《みそば》で憩《いこ》うようになる。
8　祈る力を得、神による祈りの応答の祝福をいただいている。

❖聖書を読む目的

私が通ったミッションスクールでは、毎年「秋の修養会」が一週間あり、東京から著名な講師を招いて、毎朝の礼拝で、講堂にて全校生に向け特別なメッセージが語られました。それは、自分自身をよく吟味して、神と自分との関係を深める期間でありました。

読書の秋には、ぜひ聖書に親しんでいただくことをお勧めします。その際には、ぜひ次のような目的を持って読んでみてください。

1　神を知ろう。神を知ることを切に追い求めよう。

『神に近づきなさい。そうすれば、神はあなたがたに近づいてくださいます』（ヤコブ4：8）

『愛のない者に、神はわかりません。なぜなら神は愛だからです』（第一ヨハネ4：

8）

2　全能の神の永遠のご計画が存在することを知ろう。
『神は、すべての人が救われて、真理を知るようになるのを望んでおられます』（第一テモテ2：4）

3　キリストの十字架と復活は、神の恵みであり、救いです。
『十字架のことばは、滅《ほろ》びに至る人々には愚《おろ》かであっても、救いを受ける私たちには神の力です』（第一コリント1：18）
『私たちの古い人が、キリストと共に十字架につけられたのは、罪のからだが滅びて、私たちがもはやこれからは罪の奴隷でなくなるためであることを、私たちは知っています』（ローマ6：6）
・キリストの復活を信じることは救いにとって不可欠です。
・キリストの復活は奇跡であり、キリストの神性を確証するものです。

4　永遠に向けての神に会う備《そな》えをしよう。
『世と世の欲は滅《ほろ》び去ります。しかし神のみこころを行なう者はいつまでもながら

えます』（第一ヨハネ2：17）
『神のみこころは、あなたがたが聖《きよ》くなることです』（第一テサロニケ4：3）
『神の命令とは、私たちが御子《みこ》イエス・キリストの御名《みな》を信じ、キリストが命じられたとおりに、私たちが互いに愛し合うことです』（第一ヨハネ3：23）（傍線筆者）

❖何故、神を信じるのか

何故、私は神を信じるのか……。

1　神は「ない」ではなく、「ある」を選び、イエス・キリストに人生をかけました。

2　死後は天国へ行きたいと願い求めました。

3　神が私の味方であるなら、私の人生は心強いと確信しました。

4　後になって私が神を選んだのではなく、神が私を選んでくださったので、私は神を知り、神のご支配の中に、祝福の中に、永遠の命と救いをいただいたことが分かりました。

5　この世（目に見えるもの）に価値を持つのではなく、次の世の永遠に向けて、お金では買えないもの、目に見えないものに価値観を持つようになりました。それは信仰と希望と愛、永遠の命、天の資産、栄光の富、等です。

6　地上の生活も主と共にあり、来世も、永遠に主と共にいるのは素晴らしいと確信し、主のご真実と誠実といつくしみとを味わっています。

7　万民の審判者である神を、恐れなければならないと思いました。

あれから半世紀以上が経ちました。

私の信じる神は、私を見捨てることなく、ここまで主がよくしてくださったことを一つ一つ覚えながら、当時の神知識は一パーセントにすぎなかったけれども、神に近づけば近づくほど、神は近づいてくださり、神を知れば知るほど、神から受ける約束と救い、その素晴らしさは増し続けています。

永遠に至るまでのお付き合いを喜び、楽しみながら、永遠の愛をもって、人知をはるかに超えた神の愛と祝福の中で私は人生を送っています。

神を信じるか信じないかは、その人の意志を神は尊重されていますので、個々に自由です。しかしながら、自分が決定した意志には自己責任が伴います。信じる者には神が永遠に、魂《たましい》を永遠の愛と永遠の命で栄光に預《あずか》らせてくださいます。

❖「モーセ五書」について

若き日、私は証券会社に勤務していました。社員教育で日本経済新聞を日々読んでいました。

一九六一年頃から聖書に関する記事をずっとスクラップして、その頃、三笠宮殿下が一冊の本として「モーセ五書」を紹介しておられました。後年殿下は、ミッションスクールの東京女子大学でオリエント史の教授であったことを知りました。多くの史料に囲まれて、学問としての「モーセ五書」との出会いであったと思います。

モーセといえば、現代人は、映画『十戒』を通してご存じの方も多いでしょう。映画はモーセの誕生から始まっています。エジプト王アメンホテプ二世とモーセを育てた女王のハトシエプストは遺跡もミイラも現存しています（ミイラはエジプト博物館に収蔵されている）。

旧約聖書は土台であり、新約聖書は土台の上に建てられた建物ですから、互いに不可欠なものです。「モーセ五書」は旧約の『創世記』『出エジプト記』『レビ記』『民数記』『申命記』の五書のことです。

『創世記』では世界が造《つく》られ、『出エジプト記』では神の奇跡と選民のユダヤ民族の長い旅が語られます。『レビ記』は律法について語られ、『民数記』では人の取り扱いを例証し後世の戒めのために神が語られておられます。『申命記』は神への従順の祝福と、不従順の呪いを示しています。

創世記は歴史の始まりで、ヨハネの黙示録は歴史の終わりと永遠についてです。

時代を貫いて進行する一つの偉大な神の目的、世界を、人類を救うための、全能の神の永遠の御計画が聖書を通して存在することを知ることができるのです。

難しそうなモーセ五書ですが、神のきめ細《こま》やかな人類愛と、罪に対する厳《きび》しさを知ることができます。

第三部　生ける神

❖ねたむ神は、生ける神

学生の頃、旧約聖書の「十戒」を読んでいて、ある言葉にぶつかりました。『あなたの神、主であるわたしは、ねたむ神なれば……』のくだりです。神がねたむとはどういう意味なのか……と思い巡らしました。

そこで、神であれ、人間であれ、死んだ神、死んだ人であるならば、ねたむ感情は起こらないはずである。生きていてこそ、ねたみは起こる……。

何をねたむのか。それは、人間の手で造った偶像、鋳像……、神以上に価値観をおいている者に対してねたみが生じるのです。

世界の宗教という宗教の開祖は、みんな死んだ……。キリストも十字架上で死なれ、葬《ほうむ》られ、陰府《よみ》に下り、三日目に死人のうちより蘇《よみがえ》り、天に昇《のぼ》り、全能の父なる神の右に着座されました。今も生きて働いておられるのです。何の働きでしょうか？人々の祈りを、執《と》り成す御業《みわざ》を、大祭司の勤《つと》めを成してくださっています。

聖書には「生ける神」という言葉が四十二回登場してきます。何故、「生ける神」なのか。それは、生けるまことの神であるという確かな証拠は、旧約聖書からの預言の成就の中に見ることができます。キリストの復活によって、私たちに将来と希望、永遠の命が約束されているのです。死んだままの神では、将来も希望もないからです。

『私のたましいは神を生ける神を求めて渇いています』（詩篇42：2）
『私の心も身も生ける神に喜びの歌を歌います』（詩84：2）
ダビデの信仰は生ける神を知っていたのでした。

❖神への信頼と人への信頼

たった二頁にも満たない豆《まめ》書簡。手のひら書簡。袖珍書簡（袖やポケットに入る程度）。高級香水の小さな瓶。自由のマグナ・カルタ（大憲章）。一等星の座を占め中天に輝く新約聖書の真珠の玉。後世の教会の宝として残した神の御意《ぎょい》（お考え）。キリスト教の福音の社会的影響を及ぼしたと言われ、金字塔とも呼ばれたこのユニークな書簡とは、『ピレモンへの手紙』です。

この手紙が書かれた時期は、紀元六一年頃。使徒パウロが、弟子のピレモンへ宛てた手紙でした。その内容は、①挨拶、②感謝と祈り、③愛の懇願、④愛のしめくくりと祝祷、から成り立っています。

新約聖書中のパウロの書簡は十三あります。それぞれ内容と目的があり、教理書簡、獄中書簡、再臨書簡、牧会書簡があり、そのうちピレモンへの手紙はローマの獄中で書かれた個人宛のものです。一語一語、一節一節に礼儀、機知、感情のこまかさ、寛容さ、優しさが溢れて手紙全体で使徒パウロの性格の気高さを知らされます。

ピレモンは、裕福な家でパウロより導かれて家の教会を監督していました。オネシモという奴隷がいましたが、金品を盗んでローマへ逃亡してしまいました。そのローマでパウロと出会い、罪を悔い改めて回心し、パウロの良き手助けとなっていましたが、主人の元へ返す決意をして手紙を持たせました。

当時の古代社会の奴隷制度は、ローマ軍でも六〇〇〇万人はいたと言われ、彼らの存在の上に社会制度も経済も成り立っていたので、奴隷の人権は認められず、獣のように扱われていた時代でありました。パウロのピレモンへの手紙には、彼自身の肩書きを捨てて、キリストの愛をもって、オネシモを奴隷ではなく兄弟として受け入れてと願っています。

キリストも、私たちはかつて罪の奴隷であったが赦してくださったように、オネシモは以前は役に立たない者でしたが、神の愛により役に立つ者となっています。彼の負債は、私パウロにしてください。私がそれを支払いますと。オネシモの心は、パウロの心そのものです。私を迎えるように彼を迎えてやってください、と。涙が出そうなほどの兄弟愛です。

逃亡奴隷オネシモは、後にエペソ教会の監督となりました。

❖ 十字架の愛は神の愛

聖書に副題を付けるなら、何でしょうか。

多くの人々は「God is love」即ち「神は愛なり」と付けるでしょう。「愛」という文字は聖書中に六〇〇回以上登場します。私の好きな「栄光」という言葉さえ、二二〇回登場します。

一方で、神の愛について語る聖書は、人の「罪」についても語られます。この「罪」という文字は聖書中に七九二回登場し、なんと断トツなのであります。

それもそのはずです。イエス・キリストは、罪人を救うためにこの世に来られたのですから。キリストは、今の世の終わりに、ご自身をいけにえとして罪を取り除くために来られたのです。すべてのものは、血によってきよめられる……血を注ぎだすこと（十字架で流された血潮）がなければ、罪の赦しはないのですから。

主イエスは、私たちの罪のために死に渡され、私たちが義と認められるために蘇《よみがえ》られたのです。

「愛」にも種類があり、まずは、神の愛（アガペー）（新約聖書はギリシャ語で翻訳されたのでアガペーと用いられることがある）、親子の愛、兄弟の愛、夫婦の愛、男女の愛（エロス）、友愛（フィレオ）等々があります。

キリストの愛は、人知をはるかに越えた愛ですからアガペーなのです。その広さ、長さ、高さ、深さがどれほどであるかを理解する力を持つようにいわれます。それが十字架の愛と復活につながっているのです。神の愛を知り、受けている者は、なおも愛を求めてやまないのです。

「愛の本質」について聖書は語っています。有名な箇所をご紹介します。

『愛は寛容であり、愛は親切です。また、人をねたみません。愛は自慢せず、高慢になりません。礼儀に反することをせず、自分の利益を求めず、怒らず、人のした悪を思わず、不正を喜ばず真理を喜びます。すべてを我慢し、すべてを信じ、すべてを期待して、すべてを耐え忍びます。愛は決して絶えることがありません。
いつまでも残るものは、信仰と希望と愛です。その中で一番すぐれているのは愛です』

（I　コリント人への手紙　13章4－8、13）

中でも愛のバロメーター（愛の計り）は、人のした悪を思わずにかかっていることと言われます。

私は……？　あなたは……？　いかがですか……？

❖キリストの復活がなければ、信仰はむなしい

こんな話があったそうです。フランス革命時の政治家、外交官であったタレーランという人が、新興宗教を創設しようとして、当時のフランス国王に相談したところ、彼が受けた助言はこうでした。「行って、十字架にかかりなさい。そして三日目によみがえりなさい。そうすれば、人々はあなたの宗教を信じるでしょう」と（『真理のための戦い』オズワルド・スミス著より）。

世界のあらゆる宗教創設者は、皆死にました。

キリストのみがよみがえられました。キリストがよみがえられた故に、信じる私たちの保証があるからです。人々の関心は、どのようなからだをもってよみがえるのか。それは、キリストの復活のからだを知ることによって分かります。

まず第一に、主キリストが復活して、霊のからだを与えられました。霊のからだとは何でしょうか？　自然界の法則に支配されないからだです。主は弟子たちの中に突

然現れたり、その場から消えたり、自由に壁の中を通り抜けることができました。

第二に、強いからだを持たれていました。復活のからだは決して疲れることがなく、病もありません。

第三に、主は、不死のからだで、決して死ぬことのないからだを持たれました。天国において、もはや死はないからです。

第四に、主は朽《く》ちぬからだをもっておられました。地上の体は朽ちますが、朽ちぬからだは永遠につづくのです。

第五に主は、光り輝く栄光のからだを与えられました。私たちも栄光を受けるのです。十字架にかかられる前、キリストは変貌山《へんぼうざん》上にて弟子たちの目の前で、主の御姿《みすがた》が変わり、栄化されて、その衣は光り輝き、弟子たちは、栄光のからだを垣間《かいま》見ることができました。

第六に、愛《まな》弟子のヨハネが語っているように、キリストのまことの姿を見るので、自分がキリストに似る者となる、ということです。

それはどのようにして変えられるのでしょうか？　神のみことばによりますと……。

『キリストは、号令と御使《みつか》いのかしらの声と、神のラッパの響きのうちに、ご自身天から下ってこられます。それから、キリストにある死者が、まず初めによみがえり、次に生き残っている私たちが、たちまち、彼らと一緒に雲の中に一挙に引き上げられ、空中で主と会うのです（註・空中再臨＝携挙《けいきょ》と呼ばれる）。このようにして私たちはいつまでも、主と共にいることになります』（新約聖書　第1　テサロニケ4：16、17）

❖神からの警告

『いのちがけで逃げなさい。
うしろを振り返ってはいけない。
山に逃げなさい。
さもないと、滅ぼされてしまう』（旧約聖書　創世記19：17）

このみことばは、今から四〇〇〇年前に、神がソドムとゴモラの町の罪のために硫黄の火を天から降らせ、これらの町々と低地全体と、その町々の住民と、その他の植物をみな滅ぼされるとき、正しく生きたロトの家族を救うために御使《みつか》いを遣わして警告したものであります。逃げる途中、ロトの妻は、うしろを振り返ったので、塩の柱となりました。

四〇〇〇年前に語られた神からの警告のみことばは、今日の私たちへのメッセージでもあると思います。

❖ **いのちがけで逃げなさい。**

いのちがけとは、「命」がかかっており、生きるか死ぬかであり、深刻かつ真剣です。あなたの命をかけてもよい、あずけてもよいお方のところへ……。永遠の命を与えてくださるお方の御側《みそば》近くへ逃げなさい……と神は語っておられます。

❖ **うしろを振り返ってはいけない。**

ロトの妻は、何故うしろを振り返ったのでしょう。

- 今どうなっているのか、気がかりで、心配で、不安であった。
- 大切なもの（金銭その他）に執着と未練があった。
- 自分の過去を振り返ろうとした。ひたすらに前に向かって前進すべしでした。

❖ **山に逃げなさい。**

山とは高いところ。高きを目指して、天的なことに向けて、高きにましますお方のおられるところへ、あなたの関心事を神に向けるようにと語られます。

❖ さもないと、滅ぼされてしまう。

人の言葉でいうなら、「さもないと、死んでしまう」というでしょう。滅びとは、神が救いに対して反対語で用いられる言葉です。

この言葉の中に、永遠が含まれています。とこしえの救いは、キリストのうちにあると神は語っておられます。

彼女の致命的なことは、神のことばに聞き従わなかったことであります。

❖大災害に神の警告を知る

何が「永遠の命」と「永遠の滅び」とを分けるのかを考えます。

（箴言《しんげん》1章から）

7節　主《しゅ》を恐《おそ》れることは知識《ちしき》の初《はじ》め。
愚《おろ》か者《もの》は知恵と訓戒《くんかい》を蔑《さげす》む。

22節　浅《あさ》はかな者《もの》よ、おまえたちは、
いつまで浅《あさ》はかなことを愛《あい》するのか。
嘲《あざけ》る者《もの》は、いつまで嘲《あざけ》ることを欲《ほっ》するのか。
分別《ぶんべつ》のない者《もの》は、いつまで知識《ちしき》を憎《にく》むのか。

23節　わたしの叱責《しっせき》に立《た》ち返《かえ》れ。
おまえたちにわたしの霊《れい》を注《そそ》ぎ、

わたしのことばを知《し》らせよう。
24節 わたしが呼《よ》んだのに、おまえたちは拒《こば》んだ。
手《て》を差《さ》し伸《の》べたのに、耳《みみ》を傾《かたむ》ける者《もの》はなかった。
25節 おまえたちはわたしの忠告《ちゅうこく》をすべてなおざりにし、
わたしの叱責《しっせき》を一つも受《う》け入《い》れなかった。
26節 わたしも、おまえたちが災難《さいなん》にあうときに笑《わら》い、
恐怖《きょうふ》がおまえたちを襲《おそ》うとき、あざ笑《わら》う。
27節 恐怖《きょうふ》が嵐《あらし》のようにおまえたちを襲《おそ》うとき、
災難《さいなん》がつむじ風《かぜ》のようにおまえたちに来《く》るとき、
苦難《くなん》と苦悩《くのう》がおまえたちを襲《おそ》うとき、
28節 そのとき、わたしを呼《よ》んでも、わたしは答《こた》えない。
わたしを捜《さが》し求《もと》めても、見出《みいだ》すことはできない。
29節 それは、彼《かれ》らが知識《ちしき》を憎《にく》み、
主《しゅ》を恐《おそ》れることを選《えら》ばず、

30節　わたしの忠告《ちゅうこく》を受《う》け入《い》れようとせず、わたしの叱責《しっせき》をことごとく侮《あなど》ったからだ。
31節　それで、彼《かれ》らは自分《じぶん》の行《おこな》いの実《み》を食《く》らい、自分《じぶん》が企《たくら》んだことで腹《はら》を満《み》たす。
32節　浅《あさ》はかな者《もの》の背信《はいしん》は自分《じぶん》を殺《ころ》し、愚《おろ》かな者《もの》の安心《あんしん》は自分《じぶん》を滅《ほろ》ぼす。
33節　しかし、わたしに聞《き》き従《したが》う者《もの》は、安全《あんぜん》に住《す》み、わざわいを恐《おそ》れることなく、安《やす》らかである。

※巨大地震と津波の教訓とは？
昨今は巨大地震のみならず、日本をすっぽり覆う大型台風と、それに伴う大雨の被害も甚大です。

二〇一一年三月の災害で、後年ＮＨＫテレビスペシャルでは当時半年にわたる調査結果を発表しました。何が生死を分けたのか？　その時、人はどう動いたか。多くの教訓をまとめたメモがありましたので、参考まで、ご覧ください。

一人一人の判断が生死を分けたのでした。それはどのような判断であったか、人々の行動を分析しました（以下は私方の見解です）。

①正常性バイアス

- 人間は危険が迫っていても動きたがらない……（人間は神の呼びかけになかなか動きたがらない）
- 長い年月をかけての安心感が人々に油断をもたらした……（長い年月をかけての安心感が、人々に無関心をもたらす）
- ここまで津波は来ないという軽い気持ち……（死には至らないという軽い気持ち）
- これ（防波堤）があるから大丈夫という安心……（これ〈仏壇と位牌〉があるから大丈夫という安心）
- 避難開始のスイッチが入っていない状態であった……（万一の備えのスイッチが入っていない状態であった）

②愛他性バイアス

- 自分の命よりも他人を救おうとする行動……（世界中の宣教師たちは他国人の魂《たましい》の救いのためには、多くの命を落としたが、神は彼らの命を永遠に無駄にはなされない）
- 一人暮らしの老人宅に出向いて説得する。二十分かかってやっと一緒に避難するが、間に合わず巻き込まれた……（助けにいかなかったら一生涯後悔すると思うので……と）

③同調性バイアス

- 周《まわ》りの人々と同調して行動する。この道が正しいと思って一緒に行動する。集団で津波に巻き込まれた……（キリストは言われます。

『滅《ほろ》びに至る門は大きく、その道は広い。そこから入っていく者は多い。命に至る門は小さく、その道は狭く、それを見い出す者はまれです』）（マタイによる福音書7：13―14）

❖主イエスの栄光、恵みとまことに満ちた方

バックストン宣教師は語ります。

最も幸いなことは何でしょうか？　――それは主を知ることです。

最も素晴らしい学問は何でしょうか？　――それは主を知ることです。

聖書の中で最も美しい部分はどこでしょうか？　――それは主イエスのことが最も明白に記されている四つの福音書《ふくいんしょ》です、と。

その中でも四福音書《しふくいんしょ》の真髄は『ヨハネの福音書』です。主に愛された弟子の一人ヨハネは、三つの書を記しました。『ヨハネの福音書』の主意は「信仰」です。『ヨハネの手紙　第一　第二　第三』の書簡の主意は「愛」です。『ヨハネの黙示録』の主意は『希望』です。

ヨハネは私たちに「信仰と希望と愛」を教えてくださいました。

ここで、参考までに、四つの福音書《ふくいんしょ》について述べておきます。

●『マタイの福音書』では、主イエスが王であることを示しています。御降誕《ごこうたん》の夜、東方の三人の博士たちは、星に導かれて、王としての主イエスを礼拝し、当時の最高の品々を捧げました。著者のマタイは、イスラエル王国の取税人で、主の生涯を克明に記録したのです。

●『マルコの福音書』は、神の僕《しもべ》、人の僕《しもべ》として、神と人とに仕え、力を尽くされたイエスを見ます。著者のマルコは、主の弟子ペテロの僕《しもべ》でした。僕《しもべ》として模範を示された主イエスの生涯を記しています。

●『ルカの福音書』は、人の子としても歩まれた主イエスを見、神の子としての権威をもって数多くの病人を癒やされた主イエスを、ルカの医者としての目をもって記録しています。

●『ヨハネの福音書』は、天に属する栄光に輝く主イエス。天から下った者。人にとって「命」である方、やみの世の光であられ、救い主になるお方として、ヨハネはこの書を記しました。

ヨハネがこの福音書を書いたのは、「イエスがキリスト（救い主）であることを、人々が信じて永遠の命を持つためである」と述べています。イエス・キリストが肉体をとって、この地上に来たことで、そのイエス様の中に「神の栄光」を見たのであると言っています。「神の栄光」とは、神の輝きであり、神の言葉を聞いた！　神の御《み》業《わざ》を見た！　ということです。それは、実に恵みとまことに満ちていたといっているのです。この方は本当に神の子であったことが、ヨハネだけでなく、多くの人々に証言されているのです（傍線筆者）。

❖神様からの贈《おく》り物

二〇〇八年の結婚四十二年目を迎えて、日々これまでの主がよくしてくださった感謝の一つ一つを思い起こして、指で数えながら四十二項目を感謝祈祷《きとう》しておりました。

ある日、私の出したアンケートが当選して、四十二インチのテレビが届きました。ちょうど必要としていましたので、すごいタイミングで驚きました。神様からの贈り物に感謝です。

二〇二一年は私方にとって、結婚五十五年目を迎えた年でした。感謝の一つ一つを数えて、五十五項目を祈っていますと、重そうで大きな箱が我が家に届きました。家庭用スチームオーブンレンジでした。私の出したアンケートがまた当選したのです。我が家のレンジは、二十年以上前、娘が就職して初めてのボーナスでプレゼントしてくれた小型のものでしたが、それがなんと、新品が届いた日の翌日にガタがきて使用不可となり、すごいタイミングには驚きました。神様からの贈り物に感謝です。

❖イエスの主権と権威について

何年も前ですが、庭の手入れをしていた時、指先にトゲが刺さり、中に食い込んで取れず、化膿してはいけないので外科医院へ行きました。老先生と息子先生二人が診察してくださいました。しかしなんともし難《がた》い様子で、病院で取れなかったらどうすればよいのかと思いました。

それなら、イエス様にお願いするしかない……と。そこで、その足で教会へ向かいました。牧師が祈ってくださり「イエス・キリストの御名《みな》によって、トゲよ、この指の肉の中から出《い》でよ！」と。

すると、トゲの先が次第に上がってきたのです！　五ミリほど出てきましたので、ひっぱって取り除くことができました。ハレルヤ！　なんと感謝なことでしょう。

トゲが抜けてすっきりして、その上無料で、本当によかったです。このような体験は（トゲのみならず）、他の方々も経験されていることでしょう。

小さなトゲの小さな話ですが、私にとっては忘れ難き小さな出来事でした。

神の世界は不思議としるしと力ある業《わざ》と祝福の世界です。旧約聖書の始まりの天地創造の御業《みわざ》は、神が言葉を発して、「光よ、あれ！」と仰《おお》せられると光が出来、闇とを区別されました。旧約聖書の世界も、神と人との間で奇蹟に満ちています。新約聖書の始まりも、キリストの聖霊による処女降誕から、キリストの御《ご》生涯も奇跡で満ちており、過去、現在、未来（再臨）永遠にまで及んで、人知では計り知ることのできない、神の知恵と愛とその救い、御《ご》計画には驚くばかりです。

『神の全能の力の働きによって、信じる者に働く神の、すぐれた力が、どのように偉大なものであるかを、あなた方が、知ることができますように』（エペソ１：19）

第四部　神の義と贖《あがな》い

❖「神の義」と「贖《あがな》い」について

まず、「義」とは何か。義とは正義以上のもの。聖《きよ》さ以上のもの、罪、汚《けが》れには縁がない、潔白で、完全で、何一つ欠点もなく、完璧である。そのような方は、神以外にいません。即ち義なる神、キリストは「神の義」であるのです。

『神は罪を知らない方を私たちの代りに罪とされました。それは私たちが、この方《キリスト》にあって神の義となるためです』（Ⅱコリ5：21）

『何の働きもない者が、不敬虔《ふけいけん》な者を、義と認めてくださる方を信じるなら、その信仰が義とみなされるのです』（ローマ4：5）

即ち、行《おこな》いではなく、信仰による義認です。

信じる者に、義と認めてくださるとはどういう意味なのか、この意味の中に罪の代価、私たちが受けるべき罪の刑罰を身代りとなってくださったことを信じて受け入れることです。

『人は心に信じて義と認められ、口《くち》で告白して救われるのです』（ローマ10：10）（以上、傍線筆者）

『すべての人は罪を犯《おか》したので、神からの栄誉《えいよ》を受けることが出来ず、ただ神の恵みにより、キリスト・イエスによる「贖《あがな》い」のゆえに、価《あたい》なしに義と認められるのです』（ローマ3：23―24）

「贖《あがな》い」という尊《とうと》い言葉が登場してまいりました。

「贖《あがな》い」とは、原語の聖書のヘブル語で「おおう」という意味を持ち、ギリシャ語では「和解」という意味を持ちます。キリストの血によってまず罪を覆《おお》ってくださいました。キリストの十字架によって罪は覆《おお》われているだけでなく、罪は取り除かれました。神はキリストを信じ、受け入れる者にキリストの「贖《あがな》い」を通して私たちをご覧になり、信仰によって義と認めてくださるのです。「義とする」ということばは、あたかも罪を犯さなかったかのように受け入れてくださるのです。したがって「義認」とは、何の価値もないのに与えられる神の恵みの行為なのです。

三〇〇〇年前のダビデの信仰が、義について、贖《あがな》いについて知っていたとは驚きです。

ダビデもまた、行いとは別の道で神によって義と認められる人の幸いをこう言っています。

『不法を赦《ゆる》され、罪をおおわれた人たちは幸《さいわ》いである。

主が罪を認めない人は幸いである』（ローマ4：6－8）

神が私たちを義と認めてくださったその結果はどうなのでしょうか。

⑴罪が許され、罪も消されて取り除かれ、神のみ前に義なる者として立つことができます。即ち、無罪宣告を受ける恵みです。

⑵神との平和を持っています。

⑶来るべき神の怒りから救われます。

⑷御国を受け継ぐ者となります。

⑸永遠の命と栄化も保証されています。

⑹即ち、神の栄光にあずかる希望の恵みです。
⑺キリストと共に永遠に生きることになります。

❖私を贖《あがな》う方は生きておられる

あなたは今、何か苦しみがありますか？　どうやって人間は、試練や苦悩を乗り越えることができるのでしょうか……。

四面楚歌、孤立無援、天涯孤独、八方塞がり、人身攻撃、災害、家族の死、失職、貧困、難病、闘病の日々……。以上の苦しみを、苦難の僕《しもべ》ヨブは味わいました。神も認めるほどの信仰者でしたが、さすがに落ち込んだり、沈んだりもしました。旧約聖書の古代の書ヨブ記は、「正しい者がなぜ苦しむのか」がテーマであり、試練の持つ意義を解明した書物であるといわれます。ヨブは、四〇〇〇年前の人物ですが、信仰により、預言的にその二〇〇〇年後のイエス・キリストを垣間《かいま》見ることができたのです。

『私は知っている。私を贖《あがな》う方は生きておられ、後《のち》の日にちり（地上）の上に立たれることを。私の皮が、このようにはぎとられてのち、私は私の肉から神を見る。私の目がこれを見る。私の内なる思いは、私の内で絶え入るばかりだ（ヨブ記19：25）』旧約聖書の「ヨブ記」は何故か、牧師先生方や婦人の方々に愛読されているようです。

贖《あなが》う者、贖《あなが》いという言葉は、負債の支払いを指し、捕われの人の解放を指します。キリストの死は贖《あがな》いでありました。全人類の救いのために、罪のない、きよい血をもって代価を払って買い取ってくださり、永遠の贖《あがな》いを成し遂げられたのです。贖《あがな》う者とは、私を弁護し立証してくれる者、救ってくださる方と、ヨブは知っていました。ヨブは自分が死んだ後に、神と顔と顔を合わせて神を見、復活の体を与えられる信仰を持っていたのです。

第五部　永遠について

❖神は人の心に永遠の思いを与えられた

皆さんは、「永遠」について考えたことがありますか？

同義語に、「とこしえ」「世々限りなく」「永久」「とわに」があります。聖書の中にこれらの言葉が三四六か所以上あります（『エッセンシャル聖書コンコーダンス』いのちのことば社）。

永遠とは？

国語辞典で見ると、「時が未来へ果てしなく続くこと」とあります。

「キリスト教大事典」で調べますと、

「時間は世界と共に、神によって作られたものであり、初めを持っている。時間は神によって完成されるものとして終わりを持っている。時間は神の支配のもとにある。

すべてのものが、初めから時間の完成としての終わり、目標に向かって方向づけられている。したがって永遠は、時間をも支配する神のみがもっている。神の永遠性は、時間を超えている。時間の終わりに人間は、永遠である神との深い交わりによって、永遠の命に生きるのである」と。

『永遠の命については、来るべき世の限りなき命。後の世の命。永遠は神にのみ属し、神から歴史的時間の中に入ってくる。永遠の命は、神による救いの祝福された命である。永遠の命はキリストの贖罪《しょくざい》による命である。

キリストに対する信仰は、死後の復活の確証を与える。キリストは命を与える「いのちの君」であり、死者によみがえりの命を与える（傍線筆者）。

永遠の滅亡について、「滅亡」とは。神の決定的な意志によって来るものである。神の怒りの下におかれ、神との交わりから永遠に断絶される。「滅《ほろ》びる」ということばは、たましいに関しては神との関係を永遠に失うことを意味し、たましいが永遠の火の中で、永遠を苦しみながら過ごすことを意味しています。それは決して魂が消滅しないことを意味しています。ゲヘナ（地獄。ギリシャ語）の永遠に消えぬ火の中。底知れぬ火の池と教えています』（『新聖書大辞典』キリスト新聞社）

『神は、そのひとり子（イエス・キリスト）をお与えになったほどに世《よ》を（あなたを）愛された。それは御子《みこ》を信じる者が、ひとりとして滅《ほろ》びることなく、永遠の命を持《も》つためである』（ヨハネ3：16）

このみことばの中に主イエス・キリストの十字架と復活の愛、あまりにも尊《とうと》く素晴らしい救いと、神のみこころがこめられています。

決してないがしろにできない永遠の救い、永遠の命を深く心にとめましょう。

❖二つの永遠

小学校五年生の頃、私は「人は死んだらどうなるのか」と思い巡らしました。中学生になり、ミッションスクールで聖書を学び、その問いに答えを得ました。さらに、永遠について思い巡らし、神のことばである聖書から教えられました。

「永遠」とは、○年○月○日○曜日○時のない、時の絶えることのない世界。この世の見えるものにではなく、見えないもの。この世の一時的なことではなく、いつまでも続くもの。私たちの時の概念は廃止され、時間に関して無限である、霊の世界でありましょう。

永遠なる神を知ることが、永遠を知ることでしょう。

神は不死を保ち、神にとっての永遠とは、ただ一つの「今」であり、神は過去、および未来をも現在を見るように明らかに見られる方であり、また、時間の原因（すべての作られたものの根源である方）でもあられます。時間は、いつの日にか永遠の中に溶け込んでいくでしょう。

永遠の主権者であられる神は、永遠の計画をもって歴史を造《つく》られ、やがて歴史を閉じられます。永遠の愛をもって人を造られた神は、永遠の福音《ふくいん》（永遠のいのちのみことばである聖書からの良き知らせ）をもって、キリストにより、永遠の救いをもたらされました。

キリストは永遠の命であり、永遠の栄光なのです。

それればかりではなく、永遠の資産、永遠の御国《みくに》（天にある永遠の家）をも備えてくださっているのです。『私の民は永遠に恥を見ることはない』と神は仰せられます。恥ではなく栄光を……と。

人にとって永遠は、神のものとそうでないもののただ二つの領域しか存在しません。人間には、ただ二つの領域、ただ二つの運命しかないと、聖書の中には繰り返し教えています。

もう一つの永遠とは、永遠の裁き、永遠の滅び、永遠の火の刑罰、永遠の火と硫黄の池、永遠の真っ暗な闇、永遠に昼も夜も苦しみを受け、永遠のそしりと侮辱と束縛です。

『このようにあなた方は私たちの主であり、救《すく》い主《ぬし》であるイエス・キリストの永遠の御国《みくに》にはいる恵みを豊かに加《くわ》えられるのです』（ペテロ第二・1：11）

初めがあれば終わりがある

二〇〇三年のある日、毎日新聞の女性記者によるコラム欄が目にとまりました。彼女はアメリカのシカゴ大学の正面玄関に「終末の時計」が掲げられていて、その時計の針は、世の終わりを〇時とすると、七分前を指していたそうです。聖書的に見るならば、一瞬ドキッとするような、目を覚まさせる狙いと効果はあるでしょう。

真面目に物事を考える私は、「神の時計」では、一分は何時間にあたるのかと考え始めました。聖書の記述では『一日は千年のようであり、千年は一日のようである』（ペテロ第二3：8）と記されています。計算してみると、一分は七年間に相当します。彼女がシカゴ大学で見た時期から計算してみると、あれから一分以上の〇年が経っています。

イエス様は「世の終わり」のその日その時については、父なる神だけが知っておられると語られました。「世の終わり」の前兆については、新約聖書の「マタイによる福音書24章」で詳しく語られています。その予言どおりに世界の情勢は着々と動いています。歴史を造られた神は、やがて歴史を閉じられるのです。

「神の時計」が、時の訪れを告げるために鳴り響いています。神の審判が目前に迫っているからです。

『この天地は滅び去ります。しかしわたしのことばは決して滅びることがありません』(マタイ24：35)

『語っておられる方を拒《こば》まないように注意しなさい。なぜなら地上においても警告《けいこく》を与えた方を拒んだ彼らが処罰を免《まぬか》れることができなかったとすれば、まして天から語っておられる方に背を向ける私たちが処罰を免《まぬか》れることができないのは当然ではありませんか。私たちの神は焼き尽くす火です』(ヘブル12：25－29)

❖永遠のいのちに至る悔い改め

二十世紀に米国で最も尊敬された人物に選ばれたビリー・グラハム伝道者は、世界の人々へ向けて声を大にして「七つの恐るべき罪」について警告を発信しました。神の最も忌むべき、七つの恐るべき罪とは何でしょうか？

第一は「高ぶり」です。その種類には、霊的高ぶり、知的高ぶり、物質的高ぶり、社会的高ぶりがあるようです。歴史を見ても、あらゆる帝国の王たち、皇帝たちの高慢が滅亡をもたらし、廃墟と化しています。人々を神の国に入れさせない最大の罪に挙げられています。

第二は、人間の持つ最も破壊的な罪であり、すべての人が犯す可能性を持つ罪「怒り」です。イエス様は言われました。『きょうだいに向かって腹を立てる者は、誰でも裁きを受けなければなりません。バカ者というものは、燃える地獄に投げ込まれます』

（マタイ5：22）と。

第三は「ねたみ」です。魂の殺人者と言われています。『罪が熟して死を生み出す……』（ヤコブ1：15）とあるように、三角関係の殺傷事件は三面記事をにぎわしてきました。『愛は人をねたみません』（第1コリント13：4）と教えています。

第四は「不品行」つまり不道徳です。十戒の戒めの七番目にある『姦淫してはならない』に相当するものです。神は不品行の罪を憎まれます。不品行は堕落をもたらします。サタンは、いつの世にも性の誘惑をもって、家庭を破壊し、猛威をふるっています。

第五は「暴食」です。自制、節制、節度をあなどる点で罪であります。世界には空腹や飢餓で苦しんでいる人々がいることを顧みるように言われます。

第六は「怠《おこた》り」つまり怠惰《たいだ》、怠《なま》ける、無精《ぶしょう》、何もしない罪をいいます。『なすべき正しいことを知っていながら、行なわないなら、それはその人の罪です』（ヤコブ4：17）

第七は「強い欲心」つまり貪欲《どんよく》です。神と富とに兼ね仕えることはできないのです。

❖永遠に変わらぬ愛をもって、一人一人を愛してくださるお方

私の青春時代は、テレビも電話もない古き良き時代でした。

当時、大学受験向けの雑誌を通して、関西の男子ミッションスクールの高校生と文通をするようになりました。動機は、その学校の創立者が「新島襄」であり、そこの学生と聖書の話をしてみたく思ったからです。

意に反し、彼の話題は文学と山登りが多かったものです。当時は登山ブームで遭難のニュースもたびたびありました。ダークダックスの歌にもあるように、「山男には惚《ほ》れるなよ」と歌われていたのを覚えています。

文通は八年続きました。そして私が二十三歳、彼が二十四歳の時、私は山口県下関市から大阪の地へ嫁いで行ったのです。故郷を離れて六十年近くです。

「私はあなたがしもべに賜《たまわ》ったすべての恵みと、まことを受けるに足《た》りない者です。

私は自分の身一つだけをもって大阪へ参りましたが、今は二十六人の家族を持つよう

になったのです。私の神は、私を祝福し、これまでの間、私と共におられ、私は何一つ欠けたものはなかった」（創世記32章10節　申命記2：7参照）

永遠に変わらぬ愛をもって、イエス・キリストにより、主人と私、息子たちも娘も幸せにしてくださったお方に、心から、とこしえまで「感謝のいけにえ」をお捧げしたいと思います。

❖わたしの民は永遠に恥を見ることがない

ずいぶん前でしたが、身内の者に質問したことがありました。

「『恥』とは何ですか？　どんなことですか？」と。

「知りません」という返事……これぞ恥知らず……？


辞書で調べると、「恥」とは〈恥じること〉〈面目を失うこと〉〈名誉のけがされること〉とあり、「恥知らず」とは、〈厚顔無恥〉とありました。

聖書には、「恥」についての記述がたくさんあります。「恥」とは具体的には、高ぶり、そしり、怠惰、欲望、暴虐、忌み嫌うべきこと、たわ言、主に向かっていきり立つ者、偶像崇拝、等々。要するに罪の内にあり、神の側にない事柄であるのを知ります。

そういえば、悪を働いた者が警察に連行されるとき、その人々はたいてい顔を衣服で覆《おお》っていますね。三〇〇〇年以上前のイスラエルの神の民は、恥について知っていました。「どうか、私が恥を見ないようにしてください」と祈っていたからです。恥はサタンのものであり、恥の反対語は栄光です。栄光は神のものなのです。

私が人々へ福音《ふくいん》を語る時、よく取り上げる例ですが、

「言葉には反対語がありますが、中間はありません。例えば、天国と地獄、救いと滅《ほろ》び、光と闇《やみ》、永遠と一時、希望と失望、祝福と呪い、平和と戦争、このようにたくさんあります。前者の良き言葉は神の側のもので、後者はサタンの側のものです。神様は神のご支配の中に、祝福の中に私たちを招き入れようとなさいます。次の反対語は、ぜひ知っていてください。

『栄光』の反対は『恥』です。恥でなく、栄光を求めてください。永遠の命を得、神の栄光にあずかりましょう」

❖永遠の資産

一九五八年の若き日、行きつけの下関ルーテル教会の牧師から一冊の文庫本をいただきました。内村鑑三著『後世への最大遺物』という表題です。以来、この表題に魅せられ、思いを抱いて生きてきました。後世への最大遺物とは何か⁉ と。

それは例えば、モーセという人物は、エジプト帝国全盛期時代、宮殿で育てられ王となる最高の教育を受けた人ですが、エジプトのすべての宝にまさるものから目を離さず、エジプトを脱出し、旧約聖書の「モーセ五書」を書いて後世へ残しました。

他にもローマ帝国時代当時最高の教育を受けたパウロという人物も、すべてを捨て て、永遠の栄光の望みから目を離さず、新約聖書の大半を書いて後世へ残しました。

目に見えないもの、お金で買えないもの、消えてなくならないもの、栄光に輝くもの、永遠にあるもの、さらにすぐれた希望、即ち〝永遠の資産〟を神から受けることから目を離さなかったのでした。

（「モーセ五書」は、旧約聖書の『創世記』『出エジプト記』『レビ記』『民数記』『申命記』。パウロの執筆は新約聖書の書簡（手紙）二十七巻のうち十三巻に及んでいます）

〝永遠の資産〟とは、「天の資産」「信仰の報酬」のことです。

後の世で支払われる大きな最終的報酬であり、それに望みをかけるように勧められています。今は目に見えませんが、やがて決算日の「神の時」に、神からの報《むく》いとして受けるのです。そこに目を留め、心を注ぎたいのです。

私の遺産は「信仰の遺産」です。キリストによる後世への最大遺産により、子や孫たちへ語り伝え、〝永遠の資産〟を神から受けるよう願っています。

後世への最大遺物である『聖書』から、イエス・キリストを信じる者に永遠の資産を受けることができるのです。

❖永遠の始まり、神の時計

「備えあれば憂いなし」と言われるように、私たちは地上の人生に備えをしますが、永遠のための備えが重要です。『あなたがたは、しばらくの間《あいだ》現れて、それから消えてしまう霧にすぎません』（ヤコブ４：14）と言われるように、時は過ぎ去ります。

聖書は、人生において、神の時計が夜中を打った場合、機会（チャンス）の扉は閉められる、と。それは永遠に開かれない、と告げます。

神の夜中は、人生において起こりうる、最も厳粛で、最も真剣で、最も重要な夜中です。この世において、神との正しい関係を持ち得る人間に与えられた機会（チャンス）に終止符を打ち、神と共に、あるいは神なくして送る永遠の始まりを告げるのです。いつの日か、私たちの生涯にこの夜中の時刻が打つのです。私たちは永遠を支配しておられる方の中に救われているのか、それとも、失われているのかの状態で永遠を迎えるのです。

夜中の時刻を打つものは、二つの出来事です。一つ目は、その人自身の死です。生きている間の「今」は、自分自身の時間ですが、人生の次の時間は神のものです。それ故、聖書は「今は恵みの時、今は救いの日」と告げるのです。

夜中の時刻を打つ原因となるもう一つのものは、キリストの再臨です。世界中の聖徒たちは、主に会う備えをして「主よ、来てください」と祈っています。あなたが救われるためには、イエスの御名《みな》を呼び求め夜中を迎える前に決心しましょう。

❖揺り動かされない天の御国《みくに》

『こういうわけで、私たちは、揺り動かされない御国《みくに》を受けているのですから、感謝しようではありませんか。こうして私たちは、慎《つつし》みと恐れとをもって、神に喜ばれるように奉仕をすることができるのです』（ヘブル人への手紙12：28）

「揺り動かされない御国《みくに》」とは？　キリストにあって、未来に約束された不動の御国《みくに》です。近年、巨大地震、巨大噴火、巨大津波の危険が叫ばれています。大地は揺れ動き、防災リュックをかついで、よたよたと逃げ切れるでしょうか……。災害に備えよと国は警告を発しています。

一方で「神に会う備えをせよ」と聖書は警告を発します。「御国《みくに》」とは、キリストの主権と支配、神の所有としての不動の御国《みくに》です。のちに来ようとしている御国《みくに》であり、生ける神の都です。信じる者を御国《みくに》の相続者としてくださるのです。このことに感謝しようではありませんか。

慎みと恐れとをもってとは、神に対する心の動機の純粋さをもって、神に喜ばれるように、神を敬うことと仕える奉仕の生き方を指しています。真実の信仰が、いかに天にあるものへの郷愁に満ちたものであるか……、聖徒には目的地があり、天の都、天の故郷に迎え入れられる日が必ず来るのですから。信じて、そこに確信と、希望と安息とが得られるのです。主に感謝。主に栄光！

❖今は救いの時、恵《めぐみ》の時代です

世界中の諸教会は、一年に一度、キリストのご降誕に向けさまざまな準備をします。教会によって異なりますが、案内や招待状の発送と配布、来会者用プレゼントのためのクッキー作り、ケーキの準備。聖歌隊では、賛美や楽器演奏の練習、子供たちも一丸となって、キリスト御降誕劇の練習、牧師もメッセージの準備……等々、超多忙な時期です。

そんな中、私も準備する者の一人として、ファミリー向けに紙芝居を手作りしました。大型カレンダーの裏紙を使って、旧約聖書の「ヨナ書」から「大魚にのみこまれたヨナ」を十二枚仕上げました。教会の姉妹二人と中一の孫が手伝ってくれました。お手本にした水彩画家の藤本四郎氏の絵本がよかったので、大胆でインパクトを与える素晴らしいものが出来上がりました。

紙芝居の最後に、一枚の大きな文字を付け加えました。

「今は生きるのに素晴らしい時代」と。そして語ります。

「これはアメリカの大きな教会で、ヨナ書についてメッセージされた時のタイトル、即ち説教題です。何故でしょうか……？

一言で答えるなら、二〇〇〇年前に御降誕《ごこうたん》された『救い主イエス・キリスト』と、『神の言葉としての聖書』が全人類にプレゼントされたからです。救いの時、恵《めぐみ》の時代です。生きている間に神と出会い、恵《めぐ》みを受けて救われよと、主が語りかけてくださいますように」

第六部　賛美と祈り

❖賛美を捧《ささ》げましょう

皆さん、天国について考えたことがありますか？　私自身は、自称天国人間です。私は毎日、天を仰《あお》いで思い巡らし生活しています。特に日曜日、神の教会へ礼拝に行きますと、そこは天国のひな型であるようです。

神の臨在が満ちており、神への頌栄《しょうえい》と賛美が奏《かな》でられています。造《つく》られた者（被造物に過ぎない私たち）は創造主に心から礼を尽くし、礼拝をお捧げいたします。神の愛に応答しての礼拝をお捧げいたします。天にて万の幾万倍、千の幾千倍の御使《みつか》いたちが神を誉《ほ》め称《たた》えるのに、どうして私たちが黙っていられましょうか！

ハレルヤ！　我が魂よ、主を誉《ほ》め称《たた》えよ！　『賛美と栄光と知恵と感謝と誉《ほまれ》と力と勢《いきお》いが、永遠に私たちの神にあるように。アーメン』（黙示録7：12）

賛美の中に主が住まわれます。賛美することほど天国の喜びを心にもたらしてくれるものはありません。天国で私たちが偉大な新しい歌を合唱するであろうことを思い、今から、心からの賛美を捧げて、御国《みくに》へ凱旋《がいせん》する日まで歌い続けます。

❖ダビデの賛歌

『羊飼いの暮らし』（ジェイムズ・リーバンクス著）を読みました。そこで、旧約聖書詩篇23篇を取り出して味わいたいと思いました。

ダビデの賛歌

1節　主は私の羊飼い。
私は、乏《とぼ》しいことがありません。

2節　主は私を緑の牧場に伏させ、
いこいの水のほとりに伴《ともな》われます。

3節　主は私のたましいを生《い》き返《かえ》らせ、
御名《みな》のために、私を義《ぎ》の道に導かれます。

4節　たとい、死の陰の谷を歩くことがあっても、私はわざわいを恐れません。
あなたが私とともにおられますから、
あなたのむちとあなたの杖、
それが私の慰めです。
5節 私の敵の前で、あなたは私のために食事をととのえ
私の頭《あたま》に油をそそいでくださいます。
私の杯《さかずき》は、あふれています。
6節 まことに、私のいのちの日の限り、いつくしみと恵みとが、
わたしを追《お》って来るでしょう。
私は、いつまでも、主の家に住まいましょう。

詩篇一五〇篇の中の代表的な一つで、三〇〇〇年前のイスラエルの第二番目の王となったダビデは、少年時代、羊を飼う者でした。羊に何が必要か。羊飼いはどんな世話をしなければならないのかも知っていました。

彼は、自分を弱く、身を守るすべを知らない愚かな羊にたとえ、神を、自分を養う方、守る方、導くお方として、実に全存在をゆだねるお方としていました。

羊の所有者は、これを大事にし、財産として飼いました。

天の父なる神に全幅の信頼を寄せて、ダビデは主（神）に歌います。

●『主は私の羊飼い』、主は、私にとって羊飼いなのです、と。羊（人間）は迷いやすいのです。一匹で迷い出て荒野をさまよって、ついには死にいたることもあるのです。神が羊飼いにたとえられているということは、人間に対する徹底的な配慮をする神というイメージです。私にとっても、気遣い、見守り、保護してくださる良き羊飼いなのです。

●それゆえ「私は乏《とぼ》しいことがありません」と。神の恵みを受けている者の霊は、いつも満足しているのです。私の必要を満たしてくださる方なのです。

●「主は私を緑の牧場に伏させ」は、羊の群れが伏すのに十分なだけの草、おいしくて柔らかい草が、羊にとってふさわしい食物です。その緑の牧場とは、真理のみことば、福音《ふくいん》の教えです。信仰によってみことばの霊の糧《かて》の約束の中に憩《いこ》う時、牧草の中に伏す羊と同じような状態なのです。

●「いこいの水のほとりに伴われる」とは、神の御霊《みたま》（聖霊）は、まるで水のようにさまざまな働きにおいて、私たちに触れられ、清めたり、力づけたり、慰めたり、励ましたり、成長させてくださいます。イエス様が伴われるのです。

●「主は私のたましいを生き返らせ」てくださるのです。疲れた魂、しぼんだ魂、弱った魂を、主が生き返らせて強くされます。

●「義《ぎ》の道に導かれます」は、間違った道から、迷いの道から、滅びの道から正しい道へ、神の義（きよさ）の道へ、天の御国《みくに》の道へと導いてくださいます。

●「死の陰の谷を歩くことがあっても」、この箇所は、死の床に伏す多くの人々に口ずさまれ、暗く落ち込んだ心を明るくする力となってきました。天の光が死の上を照らし、背後に光が存在していることを喜ぶのです。それは「あなたが私と共におられますから」、これこそが喜びなのです。

●「あなたのムチとあなたの杖」、羊飼いのムチは私への訓練であり、杖は私への導きです。私をほったらかしになさいません。共におられます。

●「私の敵の前で……」、敵とは、人間である場合もあり、逆境もあり、敵対的なものもあるでしょうが、敵前での酒宴をととのえてくださるとはなんとすごい余裕でしょう。神が私の味方であるなら、だれが私に敵対できるでしょうか……ということです。

●「私の頭《こうべ》に油を注ぐ」とは、神からの力と祝福を注がれるというのです。

●「私のいのちの日の限り、慈《いつく》しみと恵《めぐみ》とが、私を追いかけてきて……」、私は永遠にとこしえまでも主がおられるところに住まうのです。この確信はなんと素晴らしいことでしょうか。それでこの詩篇は世界中で最も愛されています。

❖世界中で祈られる「主の祈り」

ある日、小学六年生の孫が来て一泊し、翌朝共に礼拝をしました。その中で「主の祈り」をして、一字一句を説明しました。「主の祈り」とは、イエス様が教えられた祈りです。

皆さんもどこかで聞いたことがあるかもしれません。

ぜひその言葉の意味を知ってください。

『天にいます私たちの父よ。御名《みな》があがめられますように。御国《みくに》が来ますように。みこころが天で行なわれるように地でも行なわれますように。私たちの日ごとの糧《かて》をきょうもお与えください。

私たちの負《お》いめをお赦《ゆる》しください。私たちも私たちに負いめのある人たちを赦《ゆる》しました。私たちを試みにあわせないで悪からお救いください。国と力と栄《さか》えは、とこし

えにあなたのものだからです。アーメン』（新改訳聖書　マタイ6：9―13）

〈呼びかけ〉

『天にいます私たちの父よ』

地上のあらゆる父よりすぐれて、信じる者を神の子としてくださるお方に、全き信頼と安心をもって、親しみをもって呼びかけます。


〈第一の願い〉

『御名《みな》があがめられますように』

神の御名《みな》はきよく、私どもの間であがめられるように祈ります。呼びかけに続いて、神を誉《ほ》め称え、崇《あが》め、賛美します。


〈第二の願い〉

『御国《みくに》が来ますように』

天の栄光の御国《みくに》が、神の豊かな恵み、義と平和と喜びの御国《みくに》が、私たちの間に来るように祈ります。キリストがふたたび来られるとき（主の再臨）栄光のからだの完全なかたちで来られます。


〈第三の願い〉

『みこころが天で行なわれるように地でも行なわれますように』

天では、きよい御使《みつか》いたちが、自由な平和と喜びのうちに神を賛美しています。神のみこころは、地上でも罪人《つみびと》が悔い改めてきよめられ、信じる者がキリストにあって永遠の命を持ち、完全なきよさと、祝福のうちに全地で神を賛美することです。


〈第四の願い〉

『私たちの日ごとの糧《かて》をきょうもお与えください』

日ごとの糧《かて》には、肉の糧と霊の糧とがあります。肉の糧は、肉の身体が必要としている体を支えるための食物で、霊の糧は、心と魂とに必要な糧で、神の言葉のひとつひとつです。

〈第五の願い〉
『私たちの負《お》いめをお赦《ゆる》しください。私たちも私たちに負いめのある人たちを赦《ゆる》しました』

罪の中でも、隣人の罪を赦さなければ、神の赦しを受けられません。私たちは、神の赦しに感謝するとき、他の人を赦すことができます。人を赦せる心と隣人に対するキリストのような愛の心を、絶えず祈り求めます。

〈第六の願い〉
『私たちを試みにあわせないで』

悪魔（サタン）は、私たちの心のスキをうかがっており、絶えず悪い思いを心の中にもたらします。罪への誘惑、不信仰、失望、絶望、不道徳、うわさ話、貪欲《どんよく》……これらに打ち勝つために、神の御言葉《みことば》と祈りが必要です。

〈第七の願い〉

『悪からお救いください』

この世は、善と悪が入り交じっています。常に「このことは神の喜ばれることだろうか……」神に祈って罪から守られましょう。小さなことの一つ一つ、善と悪の見分ける力をいただいて、罪から、死から、勝利されたキリストの救いをいただきましょう。

〈結びはアーメン〉

『国と力と栄《さか》えは、とこしえにあなたのものだからです。アーメン』

永遠の御国《みくに》は、力と富と知恵と勢《いきお》い、誉《ほま》れと栄光と賛美は、とこしえに主のものです。神に栄光があるように。

アーメンとは、たしかにその通り、そうなるでしょう。真実です。という意味です。

❖毎朝の祈り

毎朝の食前の私の祈りをご紹介します（決まってはいませんが、その時によって変わります）。

「愛と恵みに富《と》んだ主なる神様。あなたをほめ称《たた》えます。

この朝も全地において、主の御名《みな》があがめられますように。

今日も全地にて、神の国が前進しますように。悪の前進を阻止してくださいますように。

この朝の命を感謝し、健康を感謝し、家族を感謝し、この家を感謝します。

その上、こうして平和の中にあって豊かな食卓を囲み、食事ができますことを感謝します。

世界の難民たち、貧困にある子供たち、病中にある者たち、失望や絶望や苦しみや悲しみの中にある者たちの上にも、彼らをあわれみ、彼らの命を守り支えてくださいますように。

教会生活と聖徒の交わり、家庭生活と親族との交わりを感謝します。

今日もこの食物をいただいて、頑張る力をお与えください。

感謝して、主イエス・キリストの御名《みな》によって祈ります。アーメン」

向かい合っている旦那様も、当初は「長いぞ」と言っていましたが、最近は慣れてきたようです。味噌汁も冷めてきますが、温め直す次第です。一日中、感謝で過ごしています。

❖「賛美のいけにえ」「喜びのいけにえ」「感謝のいけにえ」をとこしえまで

感謝の窓
あなたを感謝の窓の前に招待します。
人生をどのような観点、
即ちどのような窓から見るかによって、
人生は変わってきます。
感謝の窓から見るということは、
事柄や環境を変えるということではありません。
私たちの見方も変えるということです。
感謝を通して見ると、私たちの人生は、すべてが贈り物です。
感謝こそ、豊かな人生を送る秘密のカギなのです。

『感謝が習慣になる21日』（ジョン・クゥアン、ソ・ジョンヒ、ハン・ゴンス著）

サタンは言います。
「いつも落ち込んでいなさい。絶えず恨《うら》みなさい。すべてのことについて不平を言いなさい。それが、サタンがあなた方に望んでいることです」と。

神様はこう言われます。
「いつも喜んでいなさい。絶えず祈りなさい。すべてのことに感謝しなさい」と。

そこで、あなたは人生に惜しみなく感謝をしましょう。
感謝は人生を変えます。
人生に感謝することを学び、感謝する心を育てましょう。
人に対する感謝を深めましょう。感謝を言葉で表現しましょう。
感謝すると、コミュニケーションがよくなります。

感謝すると、ストレスが減少します。
感謝すると、癒やされ健康になります。
家族、親族、友人知人へも感謝をしましょう。
誕生日には、年齢の数だけ感謝しましょう。
感謝は未来を開きます。

ぜひ、日々感謝を胸に過ごされてください。

教会でも、家庭でも、礼拝の順序としては「賛美のいけにえ」が先行します。「いけにえ」という言葉は、神への「供《そな》えもの」という意味です。
『イエス・キリストを通して、神に喜ばれる「霊のいけにえ」を捧げなさい』（ペテロ第一　2：5）
ここでいう「霊のいけにえ」とは、先の三つの「いけにえ」を含む「礼拝」のことです。神に愛されたダビデは、神を喜ばせる秘訣をよく知っていました。

『神へのいけにえは、砕《くだ》かれたたましい。砕《くだ》かれた、悔《く》いた心』（詩篇51：17）
『私は心を尽《つ》くして主に感謝します』（詩篇9：1）と。
『キリストのことばを、あなたがたのうちに豊かに住まわせ、知恵を尽くして互いに教え、互いに戒《いまし》め、詩と賛美と霊の歌とにより、感謝にあふれて心から神に向かって歌いなさい』（コロサイ3：16）
ダビデに見習って、主を心から賛美し、主を己の喜びとし、とこしえまでも感謝をお捧げいたします。

❖「祝祷《しゅくとう》」主イエスの恵みが、すべての者と共にあるように

日曜日の教会での礼拝は、私にとって最高のひと時です。『神は霊ですから、神を礼拝する者は、霊とまことによって礼拝しなければなりません』（ヨハネ4：24）。即ち、全身全霊で天地の創造者であられる神に、私を造《つく》られたお方に、被造物である私は、礼を尽くして、礼拝を捧げます。神の御愛《ごあい》に応答して礼拝を捧げます。賛美を受けるにふさわしいお方に賛美のいけにえを捧げます。主は賛美の中に住まわれます。賛美を声高らかに歌っていますと、心に喜びが湧いてきます。そこで喜びのいけにえをお捧げします。

何を喜ぶのか……『主を己の喜びとせよ』（詩篇37：4）『主を喜ぶことは私の力です』（ネヘミヤ記8：10）と口ずさみます。主のみ救《すく》いを喜び、主の教会を喜び、聖徒たちとの交わりを喜びます。喜びの霊が溢《あふ》れて感謝が溢れてきます。そこで感謝のいけにえをお捧げします。

何を感謝するのか……父なる神の御愛《ごあい》、御子イエス・キリストの恵み、聖霊の親しい交《まじわ》りと導きと助け…主の臨在の中で賛美、喜び、感謝で満たされます。礼拝のクライマックスは続きます。聖書の神の言葉の説教です。神の言葉の正しい理解と、神との真実で正しい関係の中で、より深く神を知り、この日与えられたみことばを通して、神は私に何を語られるのか理解します。そうしてすべての点で神に栄光を帰し、復活の主、生ける神の御前《みまえ》に、砕《くだ》かれた魂《たましい》、砕《くだ》かれた悔いた心をもって祈ります。

教会に臨在するイエス・キリスト。教会にはキリストを通して人々が救われ、天国の門を開き、天国へ送る権威が与えられているのです。

教会における礼拝の終わりには、牧師による祝祷《しゅくとう》があります。これぞ大変素晴らしいのです。新約時代の現代広く、どこの教会も次のみことばをもって会衆一同を牧師が祝福します。『主イエス・キリストの恵み、神の愛、聖霊の親しい御交《おんまじわ》りが、あなた方すべてと共にありますように。アーメン』（コリント第二　13：13）

祝祷のみことばは、他にも聖書中に見られ、用いられています。例えば、『平和の神ご自身が、あなた方を全く聖《せい》なる者として下さいますように。主イエス・キリストの来臨《らいりん》の時、責められるところのないように、あなたがたの霊、たましい、からだが完全に守られますように。あなた方を召《め》された方は真実ですから、きっとそのことをして下さいます』（第2テサロニケ5：23）」

紀元前の旧約時代に、神はモーセを通して祭司アロンとその子らに命じられています。神ご自身の側から、民を祝福する言葉（祝祷）が与えられたのでした。

『主があなたを祝福し、あなたを守られますように
主が御顔《みかお》をあなたに照らし、あなたを恵まれますように
主が御顔《みかお》をあなたに向け、あなたに平安を与えられますように』（民数記6：24－26、傍線筆者）

右記の祝祷を味わってみましょう。主（神）が強調的に三回繰り返され、祝福の対

象はあなたで、六回も繰り返されて強調しています。

「主があなたを祝福し」は、祝福の源であられる方、祈りを聞かれる方にすべての霊的祝福と具体的な祝福を積極的に求めています。守りとは、あらゆる災《わざわ》い、事故、被害等のすべての守りです。主の御顔を求めて、私に向けてくださいと願い、主の行為を受けて恵み良きものを受けることができると信頼して祈ります。

主の御顔《みかお》を私に向けてと特別に願っているときに、心が神に安らいで幸《さいわ》いと安全をいただくことができるのです。神はあなたを祝福しようと約束しておられます。

今日の世界においても、この神の祝福をいただきましょう！

おわりに

永遠から永遠にましまます神よ。あなたの御名《みな》を崇《あが》めます。『万物の終わりが近づきました。ですから、祈りのために心を整《ととの》え、身を慎《つつし》みなさい。何よりもまず、互いに熱心に愛し合いなさい。愛は多くの罪をおおうからです』（ペテロ第一　4：7−8）

神様のご計画は、聖書の預言どおり、着々と前進しております。

『もはや時が延ばされることはない』（黙示録10：6）と、この終末の時代、あなたの御前《みまえ》に、この地上における残された日々をみこころの中に、主を恐れつつきよく歩むものでありますように。この小書を通して、一人でも多くの方々が、主イエス・キリストを知り、「大いなる救いの恵み」「永遠の命」を得ることができますように祈ります。

すべての栄光を主に帰して、本書を主へお捧げいたします。

二〇二四年十二月

日吉美代子

引用・参考文献一覧

『新改訳聖書』日本聖書刊行会　一九七〇年発行　一九九六年二版　いのちのことば社
『新シフォンケーキ・心躍るおいしさ』弓田亨・深堀紀子著　二〇〇六年　イル・プルー・シュル・ラ・セーヌ企画
『バックストン著作集』全十巻　バックストン著作集編集委員会編　いのちのことば社
『高安犬物語』戸川幸夫著　一九六九年　出版社不明
『聖書ハンドブック』ヘンリー・H・ハーレイ著　一九五三年　いのちのことば社
『信仰の土台』ケネス・E・ヘーゲン著　エターナル・ライフ・ミニストーリーズ
『信仰の躍進』スミス・ウイグルワース著　一九七八年　生ける水の川
『きょうの力』F・Bマイアー著　一九七〇年　いのちのことば社
『変えられたいあなたに』バジレア・シュリンク著　一九八八年　マリア福音姉妹会
『エッセンシャル聖書コンコーダンス』二〇〇一年　いのちのことば社

引用・参考文献一覧

『オズワルド・スミス説教選　真理のための戦い』オズワルド・スミス著　一九六〇年　いのちのことば社
『キリスト教大事典』キリスト教大事典編集委員会編　一九六三年　教文館
『七つの恐るべき罪』ビリー・グラハム著　一九五七年　いのちのことば社
『後世への最大遺物』内村鑑三著　一九五七年　岩波書店
『羊飼いの暮らし』ジェイムズ・リーバンクス著　二〇一八年　早川書房
『感謝が習慣になる21日』ジョン・クゥアン他著　二〇一三年　小牧者出版
『新聖書大辞典』一九七一年　キリスト新聞社

著者プロフィール

日吉 美代子（ひよし みよこ）

1942年 山口県下関市生まれ（5人姉弟の長女）。

梅光女学院高等部3年の時、受洗（下関ルーテル教会で）。

証券会社5年勤務。

1966年（昭和41年）大阪在住の日吉一成と結婚（一女四男）。

1996年（平成8年）神戸市の「極東聖書学院」入学（当時、大嶋常治学院長）。

2000年（平成12年）後に改名した「日本キリスト神学校」（尾山令二学院長 当時73歳）卒業。

現在 大阪府堺市「関西ハレルヤチャペル」伝道師。

尊敬する人物…1890年に来日した英国人宣教師バークレー・F・バックストン。

著書『人にとって一番大切なこと、知らなければならないこと』（文芸社、2023年）

私の助けはどこから来るのであろうか
私の助けは天地を造られた主から来る

2025年1月15日 初版第1刷発行

著 者 日吉 美代子
発行者 瓜谷 綱延
発行所 株式会社文芸社
〒160-0022 東京都新宿区新宿1-10-1
電話 03-5369-3060（代表）
03-5369-2299（販売）

印刷所 株式会社エーヴィスシステムズ

ISBN978-4-286-25540-8